総務・経理・人事の手続きはこれ1冊!

小さな会社・個人事業のための マイナンバー制度の実務がわかる本

アトラス総合事務所

小さな会社・個人事業者のみなさまへ 〈まえがきに代えて〉

☆いよいよスタート！ マイナンバー制度

　平成27年10月より、マイナンバー制度がスタートしました。個人事業から大企業まで、事業の規模にかかわらず、すべての事業者、ならびに実務担当者の方は、この新たな制度に対応しなければなりません。

　小さな会社や個人事業者の方のなかには、マイナンバー制度の大枠は知っていても、具体的に「いつまでに」「なにを」「どうすればいいのか」がわからずに不安を抱いている方も多いことでしょう。

　本書は、主にそうした小さな会社や個人事業者の方に向けて、マイナンバー制度の概要から必要な実務までをわかりやすく解説しています。

◎ PART1…マイナンバー制度を理解しよう

　PART1では、「マイナンバー制度とはどういうものか」を理解していただくために、「個人番号（マイナンバー）」と「法人番号」の違いや、マイナンバーの利用範囲などを簡潔にわかりやすく解説しています。この新たな制度の全体像が具体的にイメージできることでしょう。

　また、実際に事業者がマイナンバーを使用する「税と社会保障の手続き」に関して、各手続きごとに異なるマイナンバーの記載スケジュールや、マイナンバーの記載が必要となる代表的な書類のサンプル例も多数掲載しました。マイナンバー制度が開始される前と、開始されたあとの書類を見開きページで掲載しましたので、主な書類の様式について「どこが」

「どう変わるのか」が、一目で確認できると思います。

◎ PART2…マイナンバーの取り扱いの実務①「取得」

小さな会社や個人事業の場合、普段は総務や人事、経理などの業務を担っている方が、マイナンバー制度における実務担当者として、必要な書類の手続き等を行なうケースも少なくないでしょう。

原則として、事業者は報酬を支払うすべての方のマイナンバーを取得することが必要となります。ゆえに事業者、ならびに実務を担当する方は、まず「誰から」「いつ」「どのような方法」で、マイナンバーを取得するのかを知っておかなければなりません。

PART2では、従業員のみならず、その扶養家族、「掛け持ち勤務」のパート・アルバイト従業員、採用内定者、派遣社員、外注スタッフなど、マイナンバーの取得が必要となる対象者別に取得のタイミングなどを詳しく解説しました。

また、マイナンバー取得の際には、ただ単純にマイナンバーのみを申告してもらえばよいというわけではありません。「利用目的」の明示と厳格な「本人確認」が必要となります。この点に関しても、わかりやすく解説しましたので、マイナンバー制度の最初の難関である「取得」に関しては、もう心配無用でしょう。

◎ PART3…マイナンバーの取り扱いの実務②「保管・利用・廃棄」

事業者がマイナンバーを取り扱う際の安全管理に関しては、特定個人情報保護委員会の〝ガイドライン〟で詳細に規定されています。

PART3では、そのガイドラインを軸に、個人の大切な情報であるマイナンバーについて、事業者は「どのように安全管理を行なうべきなのか」を中心に、現実的な対応策を解説しました。

マイナンバー制度において、多くの方が懸念しているのは、「個人情報の漏えい」です。ゆえにマイナンバーを取り扱う側は、外部への漏えい・紛失を絶対に防がなくてはなりません。そのためにも安全管理対策の徹底化は急務です。仮にマイナンバーの情報を漏えい・紛失してしまった場合は、社会的な信用を失うことにもつながります。

　マイナンバーの保管や利用、廃棄に関しては、厳格なルールがありますので、これまでセキュリティ対策に無関心だった方は、この新たな制度のスタートを機に安全管理対策を見直してください。

◎ PART4…マイナンバー制度 Q&A

　本書のまとめとして、PART4では、マイナンバー制度の概要から実務までを一問一答で構成しました。まだまだスタートしたばかりの制度ですから、今後も法改正が成されることが予想されます。

　現に、平成27年10月時点でも法改正が成されました。それらの内容も加味し、最新の動向にも対応しています。

　なお、巻末資料として、PART3の特定個人情報保護委員会が提示するガイドラインのうち、「特定個人情報に関する安全管理措置(事業者編)」を抜粋して掲載しましたので、そちらも参照してください。

　そのほか、本書では、マイナンバー制度の実施に伴い、主に小さな会社や個人事業を営んでいる方に大変便利なシステムやアイテム、サービスなどにも触れています。

☆クラウドの活用などで〝ラクラク〟管理が可能に！

　マイナンバーの取得や管理は、とにかく面倒なことが多いです。不慣れな方にとっては、頭が痛いことでしょう。

今、そういった悩みを解消する便利なシステムやアイテム、サービスが続々と登場しています。
　まず注目したいのが、クラウド型のマイナンバーシステムです。従業員などの情報をシステムに登録すると、マイナンバーの収集から管理までの手間を大幅に削減することができます。
　マイナンバーの保存期間が過ぎれば、廃棄も適時に行なってくれますので、かなり便利なシステムだといえるでしょう。
　本書では、このクラウド型のマイナンバーシステムをはじめ、マイナンバーの「取得・保管セット」「収集代行サービス」といったアイテムやサービスなど、実践的で、且つ現実的なマイナンバーの対応策も紹介しています。「取得」「保管」「利用」「廃棄」の内容を把握できれば、マイナンバー対策も、さほど難しいとは感じなくなるのではないでしょうか。

　本書が、「マイナンバー制度の実施」という難題に直面している事業者、ならびに実務担当者の方々の〝よきパートナー〟となり、難題を解決するためのお役に立つことができれば幸いです。

アトラス総合事務所

マイナンバー制度のロードマップ

準備期間	運用
平成27年 (2015年) 10月	平成28年 (2016年) 1月

行政

マイナンバー通知

通知カードで国民へマイナンバーの通知が開始

個人番号カード交付
（希望者のみ）

順次、マイナンバーの利用開始
- 社会保障分野（年金、雇用保険、児童手当などの事務）
- 税分野（申告書、法定調書等への記載）
- 災害対策分野（被災者台帳の作成）

事業者

マイナンバー取得開始可能

従業員などのマイナンバーを各指定日までに取得する

税務関係、雇用保険関係の書類へのマイナンバー記載開始
- 「給与所得者の扶養控除等（異動）申告書」
- 「給与所得の源泉徴収票」「退職所得の源泉徴収票」
- 「雇用保険被保険者資格取得届」
- 「雇用保険被保険者資格喪失届」
- 「育児休業給付受給資格確認票」　など

平成29年
(2017年)
1月　　　　　　　　　7月

マイナポータル運用開始
※マイナンバーの玄関サイト「マイナポータル」が開始。
　行政によるマイナンバーの利用履歴の確認などが可能に

**国の機関同士での
情報システムの連携を開始**

**国や自治体同士での
情報システムの連携を開始**

**健康保険・厚生年金保険関係の
書類へのマイナンバー記載開始**
- 「健康保険・厚生年金保険被保険者資格取得届」
- 「健康保険・厚生年金保険被保険者資格喪失届」　など

マイナンバー対応 フローチャート

マイナンバー取得までの事業者の対応

STEP 1 行政からのマイナンバー通知

- 「通知カード」が全国民に郵送で届く……………………………………p024

STEP 2 マイナンバーにかかわる業務の洗い出し

- 事業者がマイナンバーを使用する場面を確認する………………p032
- マイナンバーの記載スケジュールを確認する……………………p038
- マイナンバーを記載する必要のある書類を確認する……………p044

STEP 3 マイナンバーを集める対象者の洗い出し

- 「誰から」「いつ」マイナンバーを取得するのかを確認する………p076

STEP 4 マイナンバーを取得するための準備

- マイナンバーの「利用目的」を特定して通知する…………………p094
- マイナンバーの本人確認の方法を確認する………………………p096
- マイナンバーの本人確認の手段を決定する………………………p102

マイナンバーの取得

マイナンバーの安全管理対策

STEP 1 安全管理措置の検討

- マイナンバーを取り扱う事務の範囲を明確にする…………p116
- マイナンバーや「特定個人情報」の範囲を明確にする…………p118
- マイナンバーを取り扱う事務を行なう担当者を明確にする……p118

STEP 2 基本方針を策定する

- マイナンバーを安全に管理するための基本方針を決める………p120

STEP 3 取扱規程等のルールを定める

- マイナンバーを取り扱うためのルールを決める………………p122

STEP 4 安全管理を徹底する

- マイナンバーを安全に管理するために組織体制を整備する……p124
- 事務を行なう担当者を教育・監督する………………………p128
- マイナンバーを物理的に管理する……………………………p130
- マイナンバーを技術的に管理する……………………………p134
- マイナンバーを適切に保管する………………………………p136

トピックス マイナンバー業務の外部委託を検討する

……………p148

総務・経理・人事の手続きはこれ1冊！
小さな会社・個人事業のための マイナンバー制度の実務がわかる本

もくじ

小さな会社・個人事業者のみなさまへ　〈まえがきに代えて〉 ──── 002
マイナンバー制度のロードマップ ──── 006
マイナンバー対応 フローチャート ──── 008

PART 1　マイナンバー制度を理解しよう

01　そもそも「マイナンバー」って？
　一人ひとり異なる12ケタの個人番号のこと ──── 020

02　マイナンバー制度の「法人番号」って？
　1法人に1つ指定される13ケタの番号のこと ──── 022

03　「通知カード」と「個人番号カード」とは？①
　「通知カード」は、マイナンバーを確認するカード ──── 024

04　「通知カード」と「個人番号カード」とは？②
　「個人番号カード」は、公的な身分証明書になるカード ──── 026

05 「個人番号カード」の申請方法は？
顔写真を用意して、郵送かWEBで申請する ── 028

06 マイナンバーの利用範囲は？
社会保障、税、災害対策の３分野で利用される ── 030

07 事業者がマイナンバーを使用するのは、どんな場面？
税と社会保障の手続きで、マイナンバーを使用する ── 032

08 マイナンバーを利用する際に注意すべき点は？
「取得」「利用・提供」「保管・廃棄」などにはルールがある ── 034

09 マイナンバーの記載スケジュールは？
マイナンバーの記載時期は、各制度によって異なる ── 038
- 書式改定時期と該当する書類 ── 040
- 税務関係書類のマイナンバー記載と申告書などの提出時期 ── 042
- 社会保障関係書類のマイナンバー記載時期 ── 043

10 マイナンバーの記載が必要になる代表的な書類は？
事業者にとって主に必要なのは、税や社会保障に関する書類 ── 044
- 所得税及び復興特別所得税の確定申告書B（第一表） ── 046
- 所得税及び復興特別所得税の確定申告書B（第二表） ── 048
- 給与所得者の扶養控除等（異動）申告書 ── 050
- 給与支払事務所等の開設・移転・廃止届出書 ── 052
- 源泉所得税の納期の特例の承認に関する申請書 ── 054
- 法人設立届出書 ── 056
- 青色申告の承認申請書 ── 058
- 異動届出書 ── 060
- 給与所得の源泉徴収票 ── 062
- 報酬、料金、契約金及び賞金の支払調書 ── 064
- 不動産の使用料等の支払調書 ── 066
- 雇用保険被保険者資格取得届 ── 068

もくじ

- ● 雇用保険被保険者資格喪失届・氏名変更届 ———————— 070
- ● 健康保険・厚生年金保険被保険者資格取得届 ——————— 072
- ● 厚生年金保険70歳以上被用者該当・不該当届 ——————— 072
- ● 健康保険・厚生年金保険被保険者資格取得届
  ／厚生年金保険70歳以上被用者該当届 ————————— 073

COLUMN
1. マイナンバー制度と住基ネットとの違いは？ ——————— 074

PART 2 マイナンバーの取り扱いの実務① 「取得」

01 「誰から」「いつ」マイナンバーを集める？
報酬を支払うすべての方から適時に取得する ——————— 076

02 マイナンバーの取得方法は？①
〈従業員の場合〉
入社時に本人から、在籍者は平成27年内の取得がベスト ——— 078

03 マイナンバーの取得方法は？②
〈従業員の扶養家族の場合〉
基本的には、従業員と同様に取得する ————————————— 080

04 マイナンバーの取得方法は？③
〈「掛け持ち勤務」のパート・アルバイトの場合〉
「従たる」給与の場合にも提出が必要 ————————————— 082

05 マイナンバーの取得方法は？④
〈採用内定者の場合〉
さまざまなケースを考慮し、事前アナウンスを ……………… 084

06 マイナンバーの取得方法は？⑤
〈外注先の場合〉（講師や税理士、外注スタッフなど）
支払調書にマイナンバーの記載が必要 ……………… 086

07 マイナンバーの取得方法は？⑥
〈派遣社員の場合〉
マイナンバーの取得や確認は必要ない ……………… 088

08 マイナンバーの取得方法は？⑦
〈そのほかの場合〉（海外赴任者／外国人従業員／株主／不動産の貸主）
さまざまなケースがある ……………… 090

09 マイナンバーの取得手続きとは？
「利用目的」の明示と、厳格な「本人確認」を行なう ……………… 092

10 「利用目的」の明示とは？
マイナンバーの「利用目的」を特定して、通知すること ……………… 094

11 マイナンバーの本人確認は「なにを」行なう？
「番号確認」と「身元確認」をきちんと行なう必要がある ……………… 096

12 マイナンバーの本人確認は「誰が」行なう？①
〈従業員の扶養家族の場合〉
従業員が本人確認を行なう ……………… 098

13 マイナンバーの本人確認は「誰が」行なう？②
〈扶養家族が「国民年金第3号被保険者」の場合〉
事業者が本人確認を行なう ———— 100

14 マイナンバーの本人確認における主な手段は？
対面方式、書類送付方式、オンライン方式の3つがある ― 102

15 本人確認は1回行なえばよい？
例外として、2回目以降は不要なケースもある ———— 104

16 支店や営業所がある場合の本人確認はどうする？
本社以外でも、本人確認をすることができる ———— 106

17 出向や転籍時におけるマイナンバーの取り扱いは？
改めてマイナンバーの提供を受ける必要がある ———— 108

18 もしも、マイナンバーの提供を拒まれた場合はどうする？
書類提出先の行政機関の指示に従う ———— 110

COLUMN 2. マイナンバーのキャラクター「マイナちゃん」とは？ ― 112

PART 3 マイナンバーの取り扱いの実務② 「保管・利用・廃棄」

01 マイナンバーを安全に管理するためには？①
事業者ごとにさまざまな安全管理を行なわなければならない —— 114

02 マイナンバーを安全に管理するためには？②
「どのような事務でマイナンバーを取り扱うか？」を明確にする —— 116

03 マイナンバーを安全に管理するためには？③
「どのようなマイナンバーを誰が取り扱うか？」を明確にする —— 118

04 マイナンバーを安全に管理するためには？④
安全に管理するための方針（基本方針）を決める —— 120

05 マイナンバーを安全に管理するためには？⑤
安全に取り扱うためのルール（取扱規程等）を決める —— 122

06 安全管理を徹底する①
マイナンバーを組織的に管理する（組織的安全管理措置）—— 124

07 安全管理を徹底する②
マイナンバーを人的に管理する（人的安全管理措置）—— 128

もくじ

08 安全管理を徹底する③
マイナンバーを物理的に管理する（物理的安全管理措置） — 130

09 安全管理を徹底する④
マイナンバーを技術的に管理する（技術的安全管理措置） — 134

10 マイナンバーの保管期間は？
所管法令に基づき書類ごとに保管できる期間は異なる — 136

11 マイナンバーの管理に便利なシステムとは？
クラウドサービスでマイナンバーを管理する方法がある — 138

12 マイナンバーの取得に便利なアイテムやサービスとは？
マイナンバー「取得・保管セット」や「収集代行サービス」を利用する — 140

13 小規模事業者のマイナンバー対応は？①
個人事業者や社長のみの法人で「従業員がいない」場合 — 142

14 小規模事業者のマイナンバー対応は？②
個人事業者や法人で「従業員が数名」の場合 — 144

15 プライバシーマーク制度との関係は？
現状の仕組みの改善によってマイナンバーに対応できる — 146

16 マイナンバー業務を外部に委託する場合は？
「必要、且つ適切に」委託先を監督しなければならない — 148

COLUMN
3. マイナンバー制度の「マイナポータル」とは？ ── 152

PART 4 マイナンバー制度 Q&A ～制度の概要から実務まで～

01 マイナンバー制度について ── 154

02 マイナンバー（個人番号）について ── 157

03 通知カードについて ── 159

04 個人番号カードについて ── 162

05 事業者のマイナンバー導入について ── 168

06 マイナンバーの取得について ── 170

07 マイナンバーの利用制限について ── 175

08	マイナンバーの提供について	177
09	マイナンバーの記載が不要な書類について	178
10	マイナンバーの廃棄・削除について	180
11	マイナンバーの罰則について	181
12	委託の取り扱いについて	183

巻末資料

特定個人情報に関する安全管理措置（事業者編） ———— 185

装丁：菊池 祐
制作：プランリンク

◆ 本書の内容は、平成27年10月時点における法令等に基づいています

PART 1

マイナンバー制度を理解しよう

● ○ ○ ○ ○

- マイナンバーが必要となる場面
- 個人番号
- 法人番号
- 通知カード
- 個人番号カード
- 個人番号カードの申請方法
- マイナンバーの利用範囲
- マイナンバーの利用の流れ
- 事業者が注意すべき4つのポイント
- マイナンバーの記載スケジュール
- 書式の改定時期と提出期限
- 代表的な関係書類

そもそも「マイナンバー」って？

一人ひとり異なる
12ケタの個人番号のこと

　マイナンバー（個人番号）は、赤ちゃんからお年寄りまで、日本国内に住民票のあるすべての方に割り振られる12ケタの個人番号です。
　このマイナンバーという1つの番号を使い、国や自治体などで管理する所得や年金、社会保険などの個人情報を結びつけるのが「マイナンバー制度」と呼ばれるもので、行政の効率化、国民の利便性向上、公平・公正な社会を実現するための〝社会基盤〟となります。
　行政は個別の情報を照らし合わせることができるので、事務等の効率化がはかれるとともに、税や社会保険料の適正な徴収などにも役立てることができます。国民にとっては、公的な手続きにおいて役所や役場などの窓口を訪れる回数が減るというメリットがある一方で、万一の個人情報の流出による悪用の懸念などのデメリットも顕在します。
　平成28年1月から、マイナンバーは国の行政機関や地方公共団体などにおいて、社会保障、税、災害対策の3分野で利用されます。将来的には、医療や金融などの分野における利用も検討されているようです。
　現在、基礎年金番号や雇用保険被保険者番号などと各分野ごとに個別の番号がありますが、今後は1つのマイナンバーを横断的に使用することになります。事業者は、従業員からマイナンバーの提供を受けて、税や社会保障の手続きを行なうことになります。
　なお、マイナンバーは法律で定められた目的以外で利用することはできず、それ以外の目的で他人に提供することもできません。

マイナンバーが必要となる場面
(平成28年1月以降)

社会保障関係の手続き
- ◎**年金**の資格取得や確認、給付
- ◎**雇用保険**の資格取得や確認、給付
- ◎**ハローワーク**の事務
- ◎**医療保険**の給付の請求
- ◎**福祉分野**の給付、生活保護   など

税務関係の手続き
- ◎税務署に提出する**確定申告書、届出書、法定調書**などに記載
- ◎都道府県・市区町村に提出する**申告書、給与支払報告書**などに記載   など

災害対策
- ◎**防災・災害対策**に関する事務
- ◎**被災者生活再建支援金**の給付
- ◎**被災者台帳**の作成事務   など

※上記のほか、社会保障、地方税、防災対策に関する事務やこれらに類する事務で、地方公共団体が条例で定める事務にマイナンバーを利用することができる

Point!
マイナンバーは国の行政機関や地方公共団体などにおいて、社会保障、税、災害対策の分野で利用される

- 社会保障、税、災害対策の分野における手続きで、申請書等へのマイナンバーの記載が必要となる
- 事業者は、従業員からマイナンバーの提供を受けて、税や社会保障の手続きを行なうことになる
- 税の手続きにおいて、証券会社や保険会社等の金融機関からもマイナンバーの提供を求められる場合がある

マイナンバー制度の「法人番号」って?

1法人に1つ指定される13ケタの番号のこと

　マイナンバー制度には、個人に付番される「個人番号」のほかに、法人に付番される「法人番号」があります。

　個人番号は12ケタの番号が割り当てられるのに対し、法人番号では13ケタの番号が割り当てられます。

　法人番号は国税庁長官が、①設立登記法人、②国の機関、③地方公共団体、④そのほかの法人や団体に指定します。

　法人番号も個人番号と同様に、平成27年10月から登記上の所在地に通知書が送付されます。

　この2つの番号は、公開に関する点で大きな違いがあります。

　個人番号は、非公開です。個人番号が情報漏えいした場合に、〝なりすまし〟被害(銀行口座の不正開設、年金振込口座の変更、氏名や居住地の漏えい、不正ローン契約など)を受ける可能性があるためで、ゆえに漏えいに関しては、重い罰則規定が設けられています。

　これに対し、法人番号は、誰でも自由に利用することが可能です。指定された法人の①名称、②所在地、③法人番号はインターネットを通じて広く公表されます。

　原則として、設立登記がされた法人には法人番号が付番されますが、支店や営業所には付番されません。

　また、個人事業の場合には法人番号が付番されることはなく、個人番号を使用することになります。

「法人番号」と「個人番号」を比較検証!!

	法人番号	個人番号
ケタ数	13ケタ（数字）	12ケタ（数字）
番号の通知者	国税庁長官	市区町村長
付番の対象	・国の機関及び地方公共団体 ・設立登記をした法人 ・人格のない社団などで一定の要件に該当し、国税庁長官に届け出たもの　など	・住民票コードが住民票に記載されている日本国籍を有する者 ・中長期在留者、特別永住者などの外国人
番号の変更	変更できない	漏えいなどのおそれがあると認められたときは、新しい番号を付与
利用に関する制約	原則、自由に利用できる	プライバシー保護の観点から、目的外利用に関しては厳しい制約がある
番号の公開	インターネットで名称、所在地、番号が公表される	非公開（厳重取り扱い）

Point! 法人番号により法人の名称、所在地がわかることで、法人同士のつながりや新たなサービスも広がる

例えば…

- 法人番号をキーに法人の名称、所在地が容易に確認可能となる

- 複数部署、またはグループ各社において異なるコードで管理されている取引先情報に、法人番号を追加することにより、取引情報の集約や名寄せ作業が効率化できる

- 行政機関での法人番号を活用した情報連携がはかられ、行政手続きにおける届出・申請等のワンストップ化が実現すれば、法人側の負担を軽減することが可能となる

「通知カード」と「個人番号カード」とは？①

「通知カード」は、マイナンバーを確認するカード

　マイナンバーに関するカードは、「通知カード」と「個人番号カード」の2種類があります。

　平成27年10月以降、住民票に登録されている住所宛てに市区町村からマイナンバーが記載された通知カードと返信用封筒、説明書類が、各世帯ごとに簡易書留で郵送されました。

　4人家族なら、4人分がまとめて届けられたことでしょう。

　通知カードとは、市区町村長が指定したマイナンバーを住民に通知するためのカードです。住民票を有するすべての方が対象となります。

　したがって、外国籍の方でも中長期在留者、特別永住者などで住民票がある場合には通知カードが届きます。

　通知カードは、薄い緑色の紙製のカードで、表面には「氏名」「住所」「生年月日」「性別」（基本4情報という）や、「マイナンバー（個人番号）」「発行日」などが記載されています。個人番号カードの交付申請書とともに1枚の紙になっており、ミシン目に沿って切り離すと、キャッシュカードやクレジットカードと同じサイズになります。

　この通知カードには、顔写真が入っていないので身分証明書としては利用できません。役所のサービス等を受ける際の本人確認には、別途顔写真が入った運転免許証等の証明書が必要になります。

　なお、現在の居住地と住民票の住所が異なる場合は、住民票に登録されている住所で受け取るか、住民票の異動手続きが必要です。

「通知カード」の概要

記載事項	「個人番号」「氏名」「住所」「生年月日」など
入手方法	平成27年10月以降、すべての住民に**簡易書留で郵送**
利用目的	**個人番号の証明**（身分証明書としては利用できない）

――――――【サンプル例：通知カード】――――――

<表面>

<裏面>

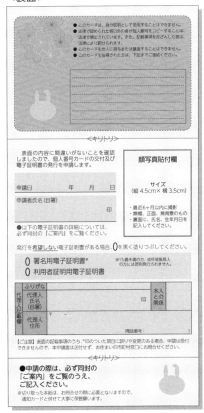

「通知カード」と「個人番号カード」とは？②

「個人番号カード」は、公的な身分証明書になるカード

　「個人番号カード」は、さまざまな行政サービスを受けることができるようになるプラスチック製のICカードです。表面には「氏名」「住所」「生年月日」「性別」（基本4情報）と「本人の顔写真」、裏面には「マイナンバー（個人番号）」などが記載されます。

　個人番号カードは、公的な身分証明書として利用できるほか、カードのICチップに記録された電子証明書を用いて、e-Tax（国税電子申告・納税システム）などの各種電子申請も行なえます。さらに図書館利用証や印鑑登録証など、各自治体が条例で定める〝付加サービス〟にも利用することができます。

　なお、個人番号カードには、税や年金、所得情報、病気の履歴などといったプライバシー性の高い情報は記載されていません。ですので、個人番号カード1枚からすべての個人情報が漏れることはありません。

　また、個人番号カードには、有効期限があり、20歳以上の方は10年、20歳未満の方は容姿の変化を考慮し5年としています。

　「通知カード」を受け取り、同封書類などを市区町村に申請すると、平成28年1月以降に個人番号カードの交付を無料で受けることができます。

　ちなみに、個人番号カードと住民基本台帳カード（※以降：住基カード）はまったくの別物ですので、混同しないようにしてください。個人番号カードの交付開始以降、住基カードは新規発行されない予定で、個人番号カードの交付を受ける際は、市区町村に返納する必要があります。

「個人番号カード」の概要

※イメージです

<表面>
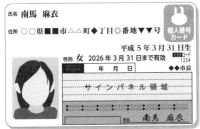

「氏名」「住所」「生年月日」
「性別」「本人の顔写真」

<裏面>

マイナンバー などが記載、
ICチップ搭載

※住基カードは有効期限まで利用できますが、個人番号カードとの重複所持はできません
※カードのデザインは現在検討中

Point! 個人番号カードで
さまざまなサービスが利用できるようになる!!

- **個人番号を証明する書類として**
  マイナンバーの提示が必要なさまざまな場面で、証明書として利用できる

- **本人確認時の身分証明書として**
  マイナンバーの提示と本人確認がこれ1枚で済む

- **さまざまなサービスがこれ1枚で**
  市区町村などが提供するさまざまなサービスごとに必要だった複数のカードが個人番号カードと一体化できる

- **各種行政手続きのオンライン申請に**
  平成29年1月から開始される「マイナポータル」へのログインをはじめ、各種行政手続きのオンライン申請に利用できる

- **各種民間のオンライン取引に**
  オンラインバンキングをはじめ、各種民間のオンライン取引にも利用できるようになる予定

- **コンビニなどで各種証明書を取得**
  コンビニなどで住民票、印鑑登録証明書などの公的な証明書が取得可能

「個人番号カード」の申請方法は？

顔写真を用意して、
郵送かWEBで申請する

「個人番号カード」を申請する方法は、「郵送による申請」「スマートフォンやパソコンによるWEB申請」の2つがあります。

◎郵送による申請

「通知カード」とともに届いた「個人番号カード交付申請書（兼電子証明書発行申請書）」に、署名または記名・押印して、プリントした顔写真を貼り付け、返信用封筒に入れて送付します。

◎スマートフォンやパソコンによるWEB申請

スマートフォンの場合は交付申請書に印刷されたQRコードを読み取って〝交付申請用WEBサイト〟にアクセスし、必要事項を入力したうえで、顔写真のデータを添付して申請します。

他方、パソコンの場合も交付申請用WEBサイトにアクセスし、必要事項を入力のうえ、顔写真のデータを添付して申請します。

その後、申請された方に市区町村から交付通知書が送られてきますので、交付通知書と通知カード、運転免許証等の本人確認書類を市区町村の役場窓口に持参すれば、個人番号カードが受け取れます。この際に通知カードは市区町村に返納してください。

なお、15歳未満の子どもや成年被後見人に関しては、本人ではなく、法定代理人により申請します。

「個人番号カード」の申請方法

STEP 1 住民票の住所にマイナンバーの**「通知カード」**が届く
(平成27年10月以降)

STEP 2 郵送・WEBのいずれかの方法で申請する

＜郵送による申請＞
同封されている、「個人番号カード交付申請書」に、顔写真を貼り付け、返信用封筒に入れて送付

＜WEBによる申請＞
交付申請用WEBサイトにアクセスし、必要事項を入力のうえ、顔写真のデータを添付して送信

STEP 3 **交付通知書**が届いたら、運転免許証等の本人確認書類と通知カードを持参し、市区町村の役場窓口へ
(平成28年1月以降)

STEP 4 本人確認のうえ、窓口で**暗証番号**の設定が済めば、その場で**「個人番号カード」**が交付される

Point! 従業員や学生などの個人番号カードを勤務先の企業や学校等で一括申請することも可能!!

● **勤務先の企業や学校等による一括申請**
企業や学校等で申請書をとりまとめ、一括して申請を行なうことができる

● **勤務先の企業や学校等に出向いた市区町村職員に一括申請**
市区町村と調整のうえ、企業や学校等に市区町村職員が出向き、本人確認を行ない、一括して申請を行なうことができる

マイナンバーの利用範囲は？

社会保障、税、災害対策の3分野で利用される

　マイナンバーの利用範囲は限定されており、国の行政機関や地方公共団体などにおいて、社会保障、税、災害対策の3分野で利用されます。
　具体的には、以下のようなときにマイナンバーの記載が求められます。

◎社会保障分野
　年金の資格取得や確認、給付を受ける際、雇用保険などの資格取得や確認、給付を受ける際、ハローワークの事務、医療保険の保険料徴収の医療保険者における手続き、福祉分野の給付、生活保護の実施などの低所得者対策の事務……など

◎税分野
　税務署に提出する確定申告書や届出書、調書等、税務当局の内部事務、都道府県・市区町村に提出する申告書や給与支払報告書……など

◎災害対策分野
　被災者生活再建支援金の支給に関する事務、被災者台帳の作成に関する事務……など

　上記のほか、これらに類する事務で、地方公共団体が条例で定める事務にもマイナンバーが利用されます。

マイナンバーの利用範囲

社会保障分野

【年金分野】
◎ 年金の資格取得・確認、給付を受ける際に利用
- 国民年金法、厚生年金保険法による年金である給付の支給に関する事務
- 国家公務員共済組合法、地方公務員等共済組合法、私立学校教職員共済法による年金である給付の支給に関する事務
- 確定給付企業年金法、確定拠出年金法による給付の支給に関する事務
- 独立行政法人農業者年金基金法による農業者年金事業の給付の支給に関する事務 など

【労働分野】
◎ 雇用保険などの資格取得・確認、給付を受ける際に利用
　ハローワーク等の事務などに利用
- 雇用保険法による失業等給付の支給、雇用安定事業、能力開発事業の実施に関する事務
- 労働者災害補償保険法による保険給付の支給、社会復帰促進等事業の実施に関する事務 など

【福祉・医療・その他分野】
◎ 医療保険などの保険料徴収等の医療保険者における手続き、福祉分野の給付、生活保護の実施等の低所得者対策の事務などに利用
- 児童扶養手当法による児童扶養手当の支給に関する事務
- 母子及び寡婦福祉法による資金の貸付け、母子家庭自立支援給付金の支給に関する事務
- 障害者総合支援法による自立支援給付の支給に関する事務
- 特別児童扶養手当法による特別児童扶養手当などの支給に関する事務
- 生活保護法による保護の決定、実施に関する事務
- 介護保険法による保険給付の支給、保険料の徴収に関する事務
- 健康保険法、船員保険法、国民健康保険法、高齢者の医療の確保に関する法律による保険給付の支給、保険料の徴収に関する事務
- 独立行政法人日本学生支援機構法による学資の貸与に関する事務
- 公営住宅法による公営住宅、改良住宅の管理に関する事務 など

税分野

◎ 国民が税務当局に提出する確定申告書、届出書、調書等に記載
　当局の内部事務などに利用

災害対策分野

◎ 被災者生活再建支援金の支給に関する事務などに利用
◎ 被災者台帳の作成に関する事務に利用

上記のほか、社会保障、地方税、防災対策に関する事務やこれらに類する事務で、地方公共団体が条例で定める事務にマイナンバーを利用することができる

内閣官房「マイナンバー社会保障・税番号制度　番号制度の概要」より

07 事業者がマイナンバーを使用するのは、どんな場面？

税と社会保障の手続きで、マイナンバーを使用する

　事業者は、マイナンバー法で定められた事務等のうち、税と社会保障の手続きでマイナンバーを使用します。

　具体的には、税務署や市区町村に提出する法定調書や、年金事務所・健康保険組合・ハローワークなどへの社会保険関係の手続き時に、従業員や報酬の支払先などのマイナンバーの記載が必要になります。

　そのため、事業者は従業員やその扶養家族のマイナンバーを取得し、給与所得の源泉徴収票や、社会保険の被保険者資格取得届などの書類にマイナンバーを記載し、各行政機関へ提出します。

　また、外部の方に講演や原稿の執筆等を依頼し、報酬を支払った場合などにおいても、その方からマイナンバーを提供してもらわなくてはなりません。

　このように事業者が従業員や報酬の支払先からマイナンバーを取得し、法定調書などにマイナンバーを記載したうえで、各行政機関へ提出するというのが、〝基本的な流れ〟です。そのマイナンバーが記載された書類をもとに、各行政機関がマイナンバーを通じて個人の所得を把握することになります。

　マイナンバーを記載した書類が最終的に提出される先は、必ず行政機関です。行政機関以外の民間業者などにマイナンバーが記載された書類を提出した場合、マイナンバーの不正利用などの被害を受ける可能性があります。くれぐれも注意してください。

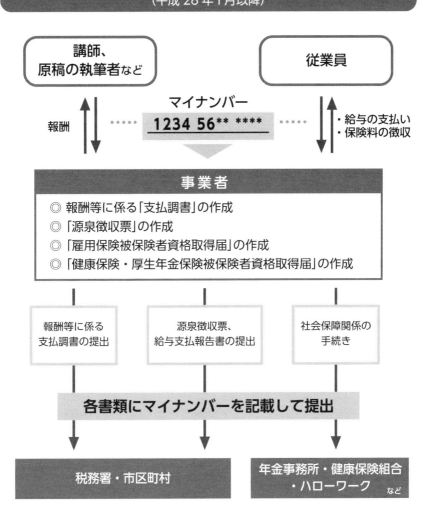

Point! マイナンバーを記載した書類の最終提出先は、どのようなケースにおいても、必ず行政機関になる

08 マイナンバーを利用する際に注意すべき点は？

「取得」「利用・提供」「保管・廃棄」などにはルールがある

　事業者がマイナンバーを利用する際には、①「取得」、②「利用・提供」、③「保管・廃棄」、④「安全管理措置」の4点について、以下のような注意すべきポイントがあります。

①「取得」の注意ポイント

　事業者は、税や社会保障の手続きに使用する場合のみマイナンバーの取得が可能です。自社の顧客管理などのように、それ以外の目的のためにマイナンバーを取得することはできません。

　そのため、取得時には「源泉徴収票・給与支払報告書にマイナンバーを記載して提出します」など、法律の範囲内で利用目的を特定したうえで、通知、もしくは公表しておきます。

　また、〝他人のなりすまし〟などを防止するためにも、取得時には、厳格な本人確認を行なうことが必要です。

②「利用・提供」の注意ポイント

　事業者は、税や社会保障に関する手続き用紙に従業員などのマイナンバーを記載したうえで、各行政機関に提出します。それ以外の場合にマイナンバーを利用・提供することはできません。仮に社員や顧客の同意があっても、マイナンバーを社員番号や顧客管理番号として利用したり、提供したりすることはできないので注意してください。

事業者が注意すべき4つのポイント

① 取得 **② 利用・提供** **③ 保管・廃棄** **④ 安全管理措置**

①「取得」の注意ポイント

● 利用目的をきちんと明示する!!
「源泉徴収票・給与支払報告書にマイナンバーを記載して提出します」など、法律の範囲内で利用目的を特定して、通知、もしくは公表する必要がある

● マイナンバー取得時の本人確認は厳格に!!
取得時は〝他人のなりすまし〟などを防止するため、厳格な本人確認を行なう

②「利用・提供」の注意ポイント

● 利用目的以外の利用・提供はできない!!
マイナンバーを社員番号や顧客管理番号として利用したり、提供したりすることはできない

Point! マイナンバーの「取得」、ならびに「利用・提供」ができるのは、法律で定められた範囲内に限られる

③「保管・廃棄」の注意ポイント

　マイナンバーが記載された書類の保管は、翌年以降も継続的に雇用契約がある場合や、所管法令によって〝一定期間保存〟が義務付けられている場合など、必要がある場合のみ認められます。

　マイナンバーを事務等で利用しなくなった場合、保存期間を経過した場合など、不要になった書類やマイナンバーは、できるだけ速やかに廃棄または削除しなければなりません。そのため、手続き用紙の控えとマイナンバー一覧を年度ごとにファイリングするなど、廃棄や削除を前提に「保管体制」を見直すことが肝要です。廃棄や削除は、紙媒体ならシュレッダーによる裁断処分、デジタルデータならデータを削除するなど、復元不可能な方法によって処分することが望ましいでしょう。

④「安全管理措置」の注意ポイント

　マイナンバーの取り扱いは、個人情報保護法よりも厳格な保護措置が設けられています。そのため、マイナンバーを含む個人情報の漏えいや紛失を防ぐためにも、各担当者を明確にするなど、事業内容や規模に応じて最適な対応が求められます。

◎組織的・人的安全管理措置

　担当者以外がマイナンバーを取り扱うことがないように、取扱責任者や事務取扱担当者などを明確にしてください。また、事務手続きをスムーズに進めるためにも、「マイナンバー制度」概要の周知など、従業員への適切な教育も大切です。

◎物理的・技術的安全管理措置

　ウイルス対策ソフトウエアの導入や、アクセスパスワードの設定、カギ付きの棚の用意など、情報漏えいへの対応を実施することが急務です。

③ 「保管・廃棄」の注意ポイント

● **必要がある場合に限り、保管し続けることができる**
保管できるのは、翌年も継続的に雇用契約がある場合や
所管法令によって一定期間保存が義務付けられている場合など

● **不要になったらできるだけ速やかに廃棄または削除しなければならない**
マイナンバーを事務等で利用しなくなった場合や
保存期間を経過した場合などは速やかに廃棄または削除する

● 手続き用紙の控えとマイナンバー一覧を年度ごとにファイリングするなど、廃棄または削除を前提とした「保管体制」の見直しが重要!!

④ 「安全管理措置」の注意ポイント

組織的・人的安全管理措置

● **担当者の明確化をはかる**
担当者以外がマイナンバーを取り扱うことのないように、
取扱責任者や事務取扱担当者を明確にする

● **適切な教育を行なう**
事務手続きをスムーズに進めるためにも、
従業員に対する「マイナンバー制度」概要の周知など、適切な教育も大切

物理的・技術的安全管理措置

● プライバシーに配慮して書類を廃棄できるようにシュレッダーなどを準備
● 取扱担当者を決め、ほかの人は情報にアクセスできない仕組みづくり
● ウイルス対策ソフトウエアを導入し、アクセスパスワードを設定する
● カギ付きの棚を用意したり、パーテーションの設置や座席配置による覗き見されない環境づくりを実施

Point! 廃棄や削除を前提とした「保管体制」の見直しが重要!!
漏えいや紛失を防ぐため、事業内容や規模に合わせた対策を

マイナンバーの記載スケジュールは？

マイナンバーの記載時期は、各制度によって異なる

　平成28年1月以降（健康保険・厚生年金は平成29年1月以降）は、以下の手続きを行なうためにマイナンバーが必要です。

・社会保障関係の手続き（年金、医療、介護、生活保護、児童手当）
・税務関係の手続き（税務署に提出する書類への記載など）
・災害対策に関する手続き（被災者生活再建支援金の支給など）

　税や社会保障関係の書類へのマイナンバーの記載時期は、各制度によって異なります。それぞれの書類にマイナンバーを記載する時期をきちんと把握し、準備しておくことが肝要です。

　また、マイナンバー制度の導入に伴い、さまざまな税務・社会保険関係の書類の書式等も改定される予定ですので、書類作成時の業務手順の確認や準備も必要になります。書式改定スケジュール（→40ページ）、マイナンバーの記載時期（→42ページ）、マイナンバー制度導入前（旧）と導入後（新）の代表的な関係書類サンプル（→45ページ～）を掲載しましたので、是非、参考にしてください。

　小さな会社や個人事業であっても、パート・アルバイトを含む従業員を雇用していれば、マイナンバーの取得や保管が必要となります。

　全従業員から指定日までにマイナンバーを取得できないと、必要な書類の作成業務が滞ってしまうため、マイナンバーの取得作業は余裕を持って開始しましょう。マイナンバーの取得方法や注意点などに関しては、PART2から詳しく解説していきます。

事業者のためのマイナンバー準備スケジュール（例）

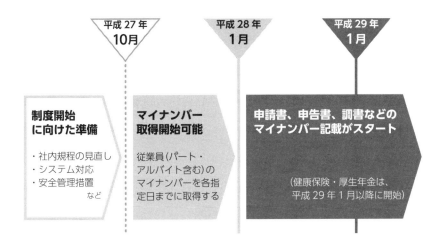

事業者が押さえておくべきポイント

◎ 平成27年10月以降、通知が届き次第、
　従業員からのマイナンバー取得が可能になる

◎ 利用開始は平成28年1月以降だが、
　税の手続きは平成28年分として平成29年1月以降となる
　（ただし、個人事業者本人の届出は平成28年1月以降となる）

◎ 健康保険・厚生年金の手続きは平成29年1月以降となる

◎ 短期のパート・アルバイト、報酬の支払いなどでは、
　平成28年1月以降、早期にマイナンバーの取得が必要になる

◎ 税理士や社会保険労務士に関係業務を委託することは
　これまでどおり可能（委託契約の見直しなどを要検討）

Point! 例えば、4月の新規採用や中途退職など、
早い段階でマイナンバーが必要となるケースは要注意!!

書式改定時期と該当する書類

> **Point!** マイナンバー制度の実施に伴い、さまざまな提出書類の書式等が改定されるため要注意!!

税務関係

● 平成 28 年 1 月 1 日提出分 〜
(申告書については、平成 28 年 1 月 1 日以降に開始するものから使用)

- ○ 給与所得者の扶養控除等 (異動) 申告書
- ○ 給与所得者の保険料控除申告書兼給与所得者の配偶者特別控除申告書
- ○ 従たる給与についての扶養控除等 (異動) 申告書
- ○ 公的年金等の受給者の扶養親族等申告書
- ○ 給与所得の源泉徴収票
- ○ 退職所得の源泉徴収票
- ○ 法人税 (申告書を含む)
- ○ 消費税 (申告書を含む)
- ○ 所得税
- ○ 源泉所得税
- ○ 相続税・贈与税
- ○ 酒税 (申告書を含む)
- ○ 法定調書関係
- ○ 納税証明書交付請求書 (そのほかの申請書等を含む)
- ○ 異議申立関係
- ○ 審査請求関係

雇用保険関係

● 平成 28 年 1 月 1 日提出分 〜

- ○ 雇用保険被保険者資格取得届
- ○ 雇用保険被保険者資格喪失届
- ○ 育児休業給付受給資格確認票
- ○ 育児休業給付金支給申請書
- ○ 介護休業給付金支給申請書
- ○ 高年齢雇用継続給付受給資格確認票
- ○ 高年齢雇用継続給付支給申請書

健康保険・厚生年金保険関係

● 平成 29 年 1 月 1 日提出分 〜

- ○ 健康保険・厚生年金保険被保険者資格取得届
  ／ 厚生年金保険 70 歳以上被用者該当届
- ○ 健康保険・厚生年金保険被保険者資格喪失届
  ／ 厚生年金保険 70 歳以上被用者不該当届
- ○ 厚生年金保険被保険者資格喪失届
  ／ 70 歳以上被用者該当届
- ○ 健康保険・厚生年金保険被保険者報酬月額算定基礎届
  ／ 厚生年金保険 70 歳以上被用者算定基礎届
- ○ 健康保険・厚生年金保険被保険者報酬月額変更届
  ／ 厚生年金保険 70 歳以上被用者月額変更届
- ○ 健康保険・厚生年金保険被保険者賞与支払届
  ／ 厚生年金保険 70 歳以上被用者賞与支払届
- ○ 健康保険被扶養者(異動)届／国民年金第 3 号被保険者関係届
- ○ 国民年金第 3 号被保険者関係届
- ○ 健康保険・厚生年金保険育児休業等取得者申出書(新規・延長)／ 終了届
- ○ 健康保険・厚生年金保険育児休業等終了時報酬月額変更届
  ／ 厚生年金保険 70 歳以上被用者育児休業等終了時報酬月額相当額変更届
- ○ 健康保険・厚生年金保険産前産後休業取得者申出書 ／ 変更(終了)届
- ○ 健康保険・厚生年金保険産前産後休業等終了時報酬月額変更届
  ／ 厚生年金保険 70 歳以上被用者産前産後休業終了時報酬月額相当額変更届
- ○ 厚生年金保険養育期間標準報酬月額特例申出書／終了届
- ○ 厚生年金保険被保険者種別変更届
- ○ 厚生年金保険特例加入被保険者資格取得申出書
- ○ 厚生年金保険特例加入被保険者資格喪失申出書
- ○ 健康保険・厚生年金保険新規適用届

税務関係書類のマイナンバー記載と申告書などの提出時期

> **Point!** 平成28年1月1日以降、マイナンバーを記載する書類は記載対象により、提出時期が異なる

一般的な税務関係書類へのマイナンバー記載と提出時期

● 平成28年1月1日以降に開始する事業年度に係る申告書から記載

- ○ 法人税(国税)
- ○ 法人住民税(地方税)
- ○ 法人事業税(地方税)

　▶ 平成28年12月末決算の場合、**平成29年2月28日までに記載・提出**
　（延長法人は平成29年3月31日まで）

● 平成28年1月1日の属する年分以降の申告書から記載

- ○ 所得税(国税)
- ○ 個人住民税(地方税)
- ○ 個人事業税(地方税)

　▶ 平成28年分の場合、**平成28年分の確定申告期に記載・提出**
　（平成29年2月16日から3月15日まで）
　（個人住民税・個人事業税は平成29年3月15日まで）

● 平成28年1月1日以降の金銭等の支払いに係る法定調書から記載

- ○ 法定調書
　支払報告書(国税)

　▶ (例)平成28年分給与所得の源泉徴収票は、**平成29年1月31日までに記載・提出**

● 平成28年分の金銭等の支払報告書から記載

- ○ 法定調書
　支払報告書(地方税)

　▶ (例)平成28年分給与支払報告書は、**平成29年1月31日までに記載・提出**

● 平成28年1月1日以降に提出すべき申請書などから記載

- ○ 申請書(国税・地方税)
- ○ 届出書(国税・地方税)

　▶ **各税法に規定されている提出すべき期限までに記載・提出**

社会保障関係書類のマイナンバー記載時期

Point! 健康保険・厚生年金保険分野のマイナンバーは、平成29年1月1日提出分から記載が必要

雇用保険分野

● **マイナンバーを追加予定の主な届出書類**（平成28年1月1日提出分から）
- 雇用保険被保険者資格取得届
- 雇用保険被保険者資格喪失届　など

● **「法人番号」を追加予定の主な届出書類**（平成28年1月1日提出分から）
- 雇用保険適用事業所設置届　など

健康保険・厚生年金保険分野

● **マイナンバーを追加予定の主な届出書類**（平成29年1月1日提出分から）
- 健康保険・厚生年金保険被保険者資格取得届
- 健康保険・厚生年金保険被保険者資格喪失届
- 健康保険被扶養者(異動)届　など

● **「法人番号」を追加予定の主な届出書類**（平成28年1月1日提出分から）
- 新規適用届　など

10 マイナンバーの記載が必要になる代表的な書類は？

事業者にとって主に必要なのは、税や社会保障に関する書類

　マイナンバー制度の実施に伴い、さまざまな書類の書式等が改定されますが、基本的には、マイナンバーを記載する欄が追加されるのみです。

　例えば、税務関係で「所得税の確定申告書B」では、1枚目の第一表に本人の個人番号欄が、2枚目の第二表に配偶者や扶養家族、事業専従者の個人番号欄が追加されます。「扶養控除等（異動）申告書」も同様に、本人、配偶者や扶養家族の個人番号欄が追加されるとともに、給与の支払者の個人番号または法人番号欄が追加されることになります。

　一方、「給与所得の源泉徴収票」は、書類サイズが現行のA6→A5へと倍の大きさになります。本人、配偶者や扶養家族の個人番号欄や、給与の支払者の個人番号または法人番号欄も追加されますが、記載が必要になるのは、〝税務署に提出する源泉徴収票〟のみです。個人情報の漏えいを防止するうえで、本人へ交付する源泉徴収票には、番号の記載が不要になりました。「報酬、料金、契約金及び賞金の支払調書」「不動産の使用料等の支払調書」も源泉徴収票と同様で、支払いを受ける本人に交付するものには、本人と支払者のマイナンバーは記載しません。

　雇用保険関係も「雇用保険被保険者資格取得届」には、被保険者の個人番号欄が追加されるのみです。健康保険・厚生年金保険関係では、「健康保険・厚生年金保険被保険者資格取得届」に被保険者の個人番号欄が追加されたほか、形式がA4横→A4縦となりました。「厚生年金保険70歳以上被用者該当・不該当届」は資格取得届に統合されました。

代表的な関係書類

次ページからは、マイナンバー制度の導入後（平成28年1月1日以降）に書式等が変更される代表的な関係書類のサンプル例を掲載しました。

掲載書類は、以下のとおりです。

税務関係

＜申告所得税関係＞
◎ 所得税及び復興特別所得税の確定申告書B（第一表）………（旧）p046／（新）p047
◎ 所得税及び復興特別所得税の確定申告書B（第二表）………（旧）p048／（新）p049

＜源泉所得税関係＞
◎ 給与所得者の扶養控除等（異動）申告書………………（旧）p050／（新）p051
◎ 給与支払事務所等の開設・移転・廃止届出書………（旧）p052／（新）p053
◎ 源泉所得税の納期の特例の承認に関する申請書……（旧）p054／（新）p055

＜法人税関係＞
◎ 法人設立届出書………………………………………（旧）p056／（新）p057
◎ 青色申告の承認申請書………………………………（旧）p058／（新）p059
◎ 異動届出書……………………………………………（旧）p060／（新）p061

＜法定調書関係＞
◎ 給与所得の源泉徴収票………………………………（旧）p062／（新）p063
◎ 報酬、料金、契約金及び賞金の支払調書……………（旧）p064／（新）p065
◎ 不動産の使用料等の支払調書………………………（旧）p066／（新）p067

雇用保険関係

◎ 雇用保険被保険者資格取得届………………………（旧）p068／（新）p069
◎ 雇用保険被保険者資格喪失届・氏名変更届…………（旧）p070／（新）p071

健康保険・厚生年金保険関係

◎ 健康保険・厚生年金保険被保険者資格取得届…………………（旧）p072
◎ 厚生年金保険70歳以上被用者該当・不該当届………………（旧）p072
◎ 健康保険・厚生年金保険被保険者資格取得届
　／厚生年金保険70歳以上被用者該当届……………………（新）p073

◎ 所得税及び復興特別所得税の確定申告書B(第一表) 【旧】

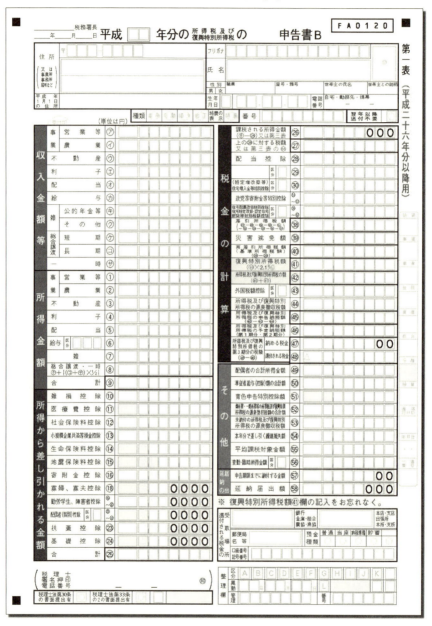

【サンプル例】
平成27年6月30日時点における様式案です。確定様式ではありません

◎ 所得税及び復興特別所得税の確定申告書B(第一表) 【新】

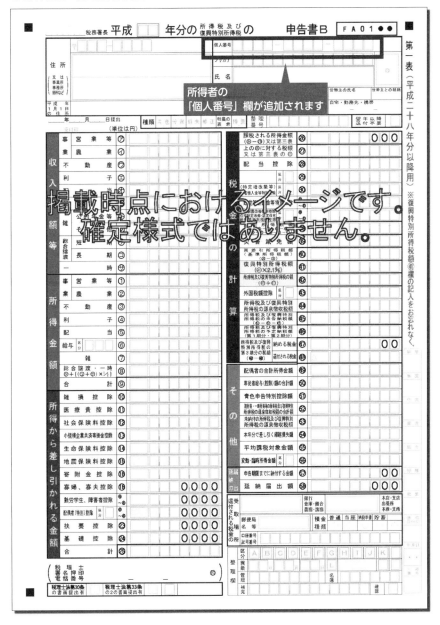

PART1 マイナンバー制度を理解しよう 047

◎ 所得税及び復興特別所得税の確定申告書B(第二表)　【旧】

【サンプル例】
平成27年6月30日時点における様式案です。確定様式ではありません

◎ 所得税及び復興特別所得税の確定申告書B(第二表) 【新】

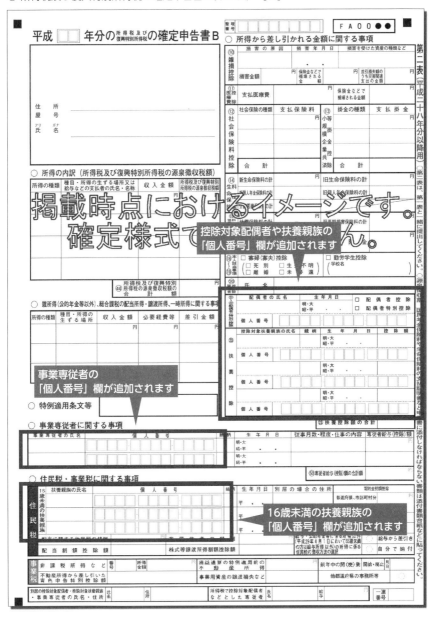

PART1 マイナンバー制度を理解しよう

◎ 給与所得者の扶養控除等（異動）申告書 【旧】

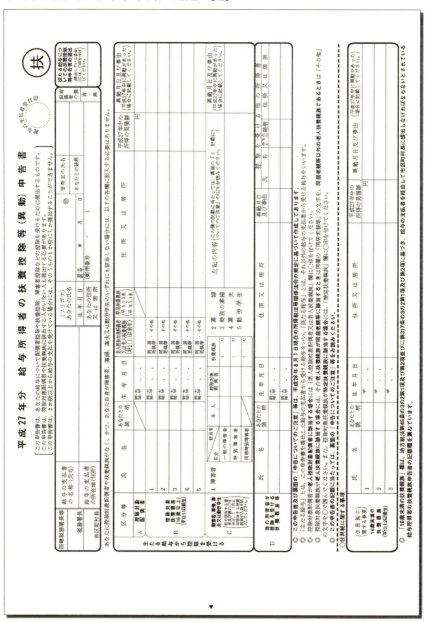

【サンプル例】
平成27年6月30日時点における様式案です。確定様式ではありません

◎ 給与所得者の扶養控除等（異動）申告書 【新】

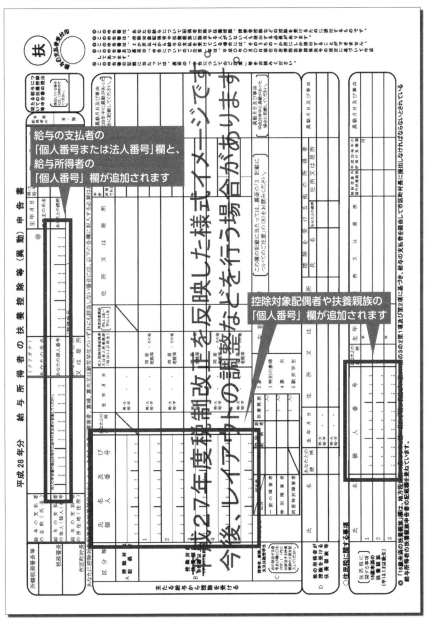

PART1 マイナンバー制度を理解しよう

◎ 給与支払事務所等の開設・移転・廃止届出書 【旧】

※整理番号

給与支払事務所等の開設・移転・廃止届出書

税務署受付印

平成　年　月　日

税務署長殿

所得税法第230条の規定により次のとおり届け出ます。

事務所開設者	（フリガナ）	
	氏名又は名称	
	住所又は本店所在地	〒 電話（　　）　－
	（フリガナ）	
	代表者氏名	㊞

（注）「住所又は本店所在地」欄については、個人の方については申告所得税の納税地、法人については本店所在地を記載してください。

開設・移転・廃止年月日	平成　年　月　日	給与支払を開始する年月日	平成　年　月　日

○届出の内容及び理由
（該当する事項のチェック欄□に✓印を付してください。）

「給与支払事務所等について」欄の記載事項

		開設・異動前	異動後
開設	□ 開業又は法人の設立	開設した支店等の所在地	
	□ 上記以外 ※本店所在地等とは別の所在地に支店等を開設した場合		
移転	□ 所在地の移転	移転前の所在地	移転後の所在地
	□ 既存の給与支払事務所等への引継ぎ （理由）□ 法人の合併　□ 法人の分割　□ 支店等の開廃 　　　　□ その他（　　）	引継ぎをする前の給与支払事務所等	引継先の給与支払事務所等
廃止	□ 廃業又は清算結了　□ 休業		
その他（　　　　　　　　　　）		異動前の事項	異動後の事項

○給与支払事務所等について

	開設・異動前	異動後
（フリガナ） 氏名又は名称		
住所又は所在地	〒 電話（　　）　－	〒 電話（　　）　－
（フリガナ） 責任者氏名		

従事員数	役員　　人	従業員　　人	（　）　人	（　）　人	（　）　人	計　　人

（その他参考事項）

税理士署名押印　　　　　　　　　㊞

（規格A4）

※税務署処理欄	部門	決算期	業種番号	入力	名簿等	用紙交付	通信日付印	年月日	確認印

23. 12 改正

（源0301）

【サンプル例】
平成28年1月以後に使用する予定の様式です

◎ 給与支払事務所等の開設・移転・廃止届出書 【新】

事務所開設者の「個人番号または法人番号」欄が追加されます

平成28年1月以後 使用予定の様式です。

PART1 マイナンバー制度を理解しよう 053

◎ 源泉所得税の納期の特例の承認に関する申請書 【旧】

源泉所得税の納期の特例の承認に関する申請書

※整理番号

税務署受付印

平成　年　月　日

税務署長殿

（フリガナ）
氏名又は名称

住所又は本店の所在地　〒
電話　―　―

（フリガナ）
代表者氏名　㊞

次の給与支払事務所等につき、所得税法第216条の規定による源泉所得税の納期の特例についての承認を申請します。

給与支払事務所等に関する事項

給与支払事務所等の所在地 ※ 申請者の住所（居所）又は本店（主たる事務所）の所在地と給与支払事務所等の所在地とが異なる場合に記載してください。	〒 電話　―　―		
申請の日前6か月間の各月末の給与の支払を受ける者の人員及び各月の支給金額 〔外書は、臨時雇用者に係るもの〕	月区分	支給人員	支給額
	年　　月	外　　　　人	外　　　　円
	年　　月	外　　　　人	外　　　　円
	年　　月	外　　　　人	外　　　　円
	年　　月	外　　　　人	外　　　　円
	年　　月	外　　　　人	外　　　　円
	年　　月	外　　　　人	外　　　　円
1　現に国税の滞納があり又は最近において著しい納付遅延の事実がある場合で、それがやむを得ない理由によるものであるときは、その理由の詳細 2　申請の日前1年以内に納期の特例の承認を取り消されたことがある場合には、その年月日			

税理士署名押印　　　　　　　　　　　　㊞

※税務署処理欄	部門	決算期	業種番号	入力	名簿	通信日付印	年月日	確認印

24.12改正

【サンプル例】
平成28年1月以後に使用する予定の様式です

◎ 源泉所得税の納期の特例の承認に関する申請書 【新】

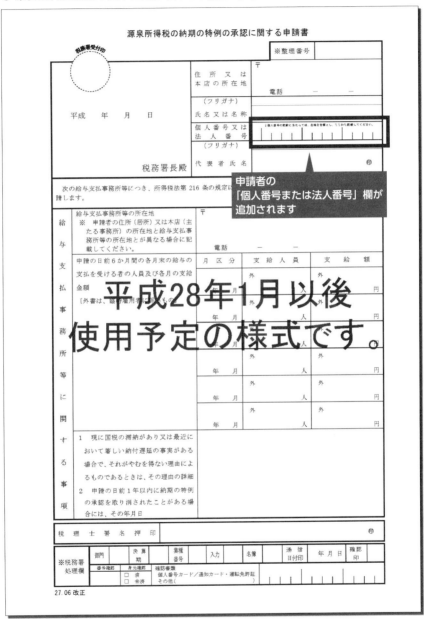

◎ 法人設立届出書 【旧】

【サンプル例】
平成28年1月以後に使用する予定の様式です

◎ 法人設立届出書 【新】

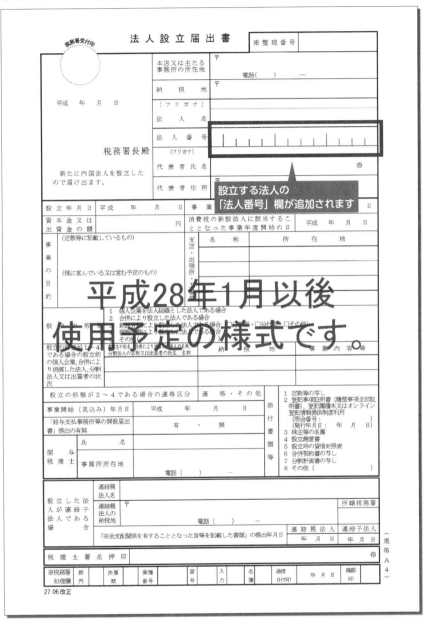

◎ 青色申告の承認申請書 【旧】

青色申告の承認申請書

※整理番号

税務署受付印

平成　年　月　日

（フリガナ）
法人名等

納税地　〒　－
　　　　電話（　）　－

（フリガナ）
代表者氏名　　　　　　　　　　　㊞

代表者住所　〒　－

事業種目　　　　　　　　　　　業

税務署長殿

資本金又は出資金額　　　　　　　円

自平成　年　月　日
至平成　年　月　日
事業年度から法人税の申告書を青色申告によって提出したいので申請します。

記

1　この申請書が次に該当するときには、それぞれ□にレ印を付すとともに該当の年月日を記載してください。
　□　青色申告書の提出の承認を取り消され、又は青色申告書による申告書の提出をやめる旨の届出書を提出した後に再び青色申告書の提出の承認を申請する場合には、その取消しの通知を受けた日又は取りやめの届出書を提出した日　　　　　　　　　　　　　　　　　　　　　　　　　　　　　平成　年　月　日
　□　この申請後、青色申告書を最初に提出しようとする事業年度が設立第一期等に該当する場合には、内国法人である普通法人又は協同組合等にあってはその設立の日、内国法人である公益法人等又は人格のない社団等にあっては新たに収益事業を開始した日、公益法人等（収益事業を行っていないものに限る。）に該当していた普通法人又は協同組合等にあっては当該普通法人又は協同組合等に該当することとなった日　　　　　　　平成　年　月　日
　□　この申請後、青色申告書を最初に提出しようとする事業年度が連結納税から離脱した（連結親法人による連結完全支配関係を有しなくなった）日を含む事業年度である場合には、その離脱した日　　　　　　　平成　年　月　日
　□　連結法人である内国法人が自己を分割法人とする分割型分割を行った場合には、分割型分割の日　　平成　年　月　日
　□　内国法人が、法人税法第4条の5第2項第4号又は第5号（連結納税の承認の取消し）の規定により第4条の2（連結納税義務者）の承認を取り消された場合には、取り消された日　　　　　　　　　　　平成　年　月　日
　□　内国法人が、法人税法第4条の5第2項各号の規定により第4条の2の承認を取り消された場合は、取り消された日　　　　　　　　　　　　　　　　　　　　　　　　　　　　　　　平成　年　月　日

2　参考事項
(1) 帳簿組織の状況

伝票又は帳簿名	左の帳簿の形態	記帳の時期	伝票又は帳簿名	左の帳簿の形態	記帳の時期

(2) 特別な記帳方法の採用の有無
　イ　伝票会計採用
　ロ　電子計算機利用
(3) 税理士が関与している場合におけるその関与度合

税理士署名押印　　　　　　　　　　　　㊞

※税務署処理欄	部門	決算期	業種番号	入力	備考	通信日付印　年　月　日	確認印

（法 1301）

【サンプル例】
平成 28 年 1 月以後に使用する予定の様式です

◎ 青色申告の承認申請書 【新】

> 申請する法人の「法人番号」欄が追加されます

平成28年1月以後使用予定の様式です。

PART1 マイナンバー制度を理解しよう

◎ 異動届出書 【旧】

【サンプル例】
平成 28 年 1 月以後に使用する予定の様式です

◎ 異動届出書 【新】

PART1　マイナンバー制度を理解しよう

◎ 給与所得の源泉徴収票 【旧】

【サンプル例】
平成27年3月31日時点における様式案です。確定様式ではありません

◎ 給与所得の源泉徴収票　【新】

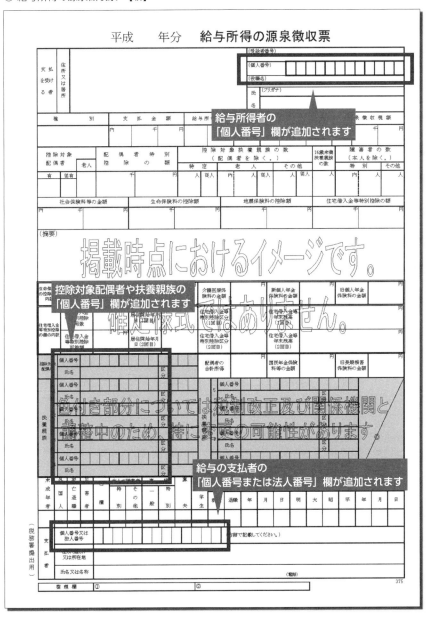

PART1　マイナンバー制度を理解しよう

◎ 報酬、料金、契約金及び賞金の支払調書 【旧】

【サンプル例】
平成 28 年分以後に使用する予定の様式です

◎ 報酬、料金、契約金及び賞金の支払調書 【新】

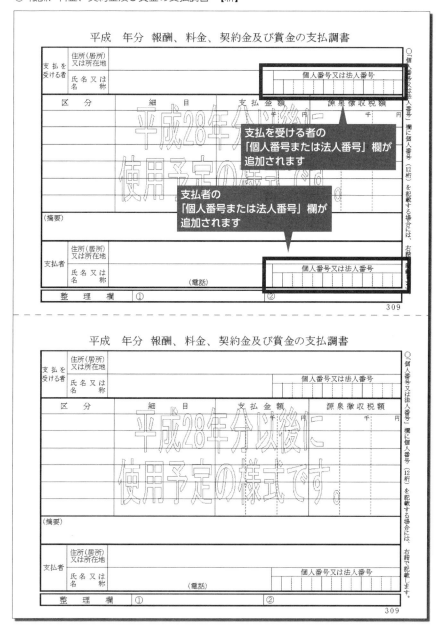

◎ 不動産の使用料等の支払調書 【旧】

【サンプル例】
平成 28 年分以後に使用する予定の様式です

◎ 不動産の使用料等の支払調書 【新】

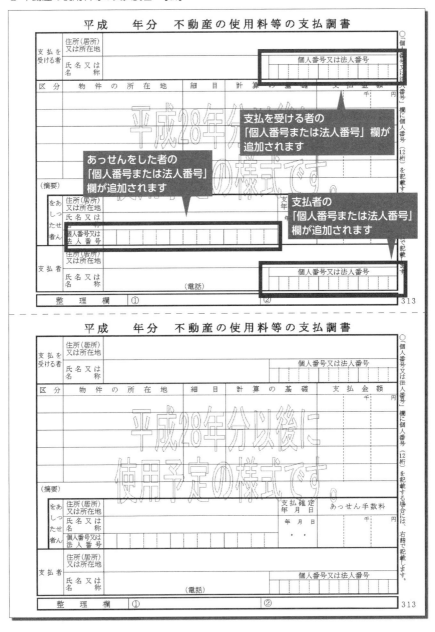

PART1　マイナンバー制度を理解しよう

◎ 雇用保険被保険者資格取得届 【旧】

【サンプル例】

平成 27 年 7 月時点における様式案です。確定様式ではありません

◎ 雇用保険被保険者資格取得届 【新】

◎ 雇用保険被保険者資格喪失届・氏名変更届 【旧】

【サンプル例】
平成 27 年 7 月時点における様式案です。確定様式ではありません

◎ 雇用保険被保険者資格喪失届・氏名変更届 【新】

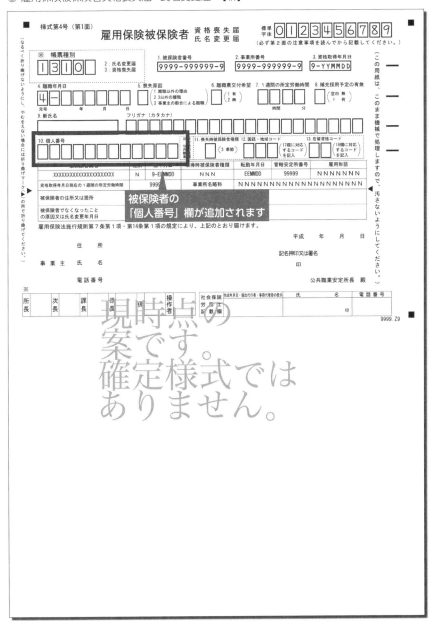

PART1　マイナンバー制度を理解しよう

◎ 健康保険・厚生年金保険被保険者資格取得届　【旧】
◎ 厚生年金保険70歳以上被用者該当・不該当届　【旧】

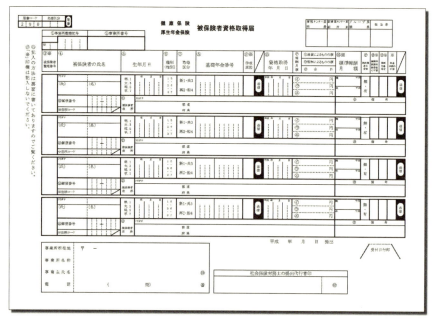

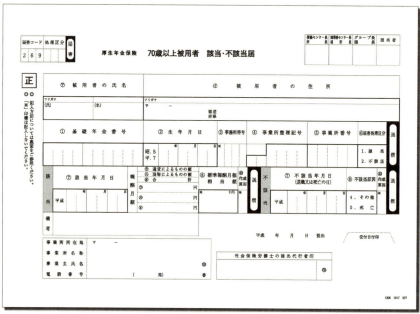

【サンプル例】
平成 27 年 4 月時点における様式案です。確定様式ではありません

◎ 健康保険・厚生年金保険被保険者資格取得届 / 厚生年金保険 70 歳以上被用者該当届 【新】

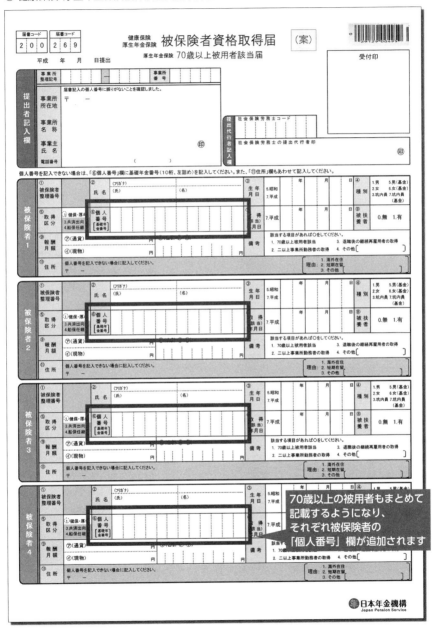

70歳以上の被用者もまとめて記載するようになり、それぞれ被保険者の「個人番号」欄が追加されます

PART1 マイナンバー制度を理解しよう

COLUMN

1. マイナンバー制度と住基ネットとの違いは？

　住民基本台帳は、「氏名」「生年月日」「性別」「住所」などが記載された住民票をとりまとめたもので、本人の住所を公に証明するとともに、選挙人名簿への登録、国民健康保険や国民年金の資格の確認、印鑑登録に関する事務に利用されています。住基ネット（住民基本台帳ネットワークシステム）は、この住民基本台帳をネットワーク化し、全国共通の本人確認ができるシステムとして構築されたものです。

　マイナンバー制度との違いは、それぞれの利用範囲です。住基ネットは、住民基本台帳法で利用範囲が定められていますが、社会保障、税、災害対策を利用範囲とするマイナンバー制度に比べて、利用範囲は限定されています。

　当初、住基ネットをマイナンバー制度に活用することも検討されたようですが、マイナンバー制度の利用範囲に対応するためには、住民基本台帳法を〝抜本的〟に改正することが必要になります。

　そのため、マイナンバー制度の導入にあたっては、訴訟が相次いだ住基ネットを改正するよりも、「新たな制度を構築するほうがやりやすかったから」といえるでしょう。

PART 2

マイナンバーの取り扱いの実務① 「取得」

● ● ○ ○ ○

Key word

- 🔑 マイナンバー取得の主な対象者
- 🔑 マイナンバーの取得方法
- 🔑 個人番号報告書
- 🔑 利用目的の明示
- 🔑 番号確認
- 🔑 身元確認
- 🔑 本人確認
- 🔑 従業員の扶養家族
- 🔑 国民年金第3号被保険者
- 🔑 主な本人確認の手段
- 🔑 出向や転籍時の取り扱い
- 🔑 提供を拒まれた場合の対処法

「誰から」「いつ」マイナンバーを集める？

報酬を支払うすべての方から適時に取得する

　前述したように、平成27年10月からマイナンバー制度がスタートしました。そして平成28年1月からは、社会保障、税、災害対策の行政手続きでマイナンバーが必要となります。

　原則として、事業者は報酬を支払うすべての方のマイナンバーを取得することが必要となり、それに伴う実務を兼任することになるであろう総務や人事、経理の方もマイナンバーを取り扱うことになります。

　例えば、大学生などの学生アルバイトでも、雇い入れて報酬を支払うのであれば、その方のマイナンバーを取得しなくてはなりません。従業員などの採用時には、パート・アルバイトといった雇用形態、さらに国籍も関係なく、マイナンバーを取得することになります。

　総務や人事関係の業務以外でも、マイナンバーの取得は必要です。

　例えば、弁護士や税理士、講師などといった外注先の個人事業者へ報酬を支払った際に作成する支払調書にも、マイナンバーの記載が必要になります。株主へ〝配当金〟を支払う際も同様です。支払調書に株主のマイナンバーを記載しなくてはなりません。経理関係の業務でも、マイナンバーの取得が必要となるわけです。

　ところで、マイナンバーを対象者から取得するタイミングは「いつ」なのでしょうか？

　マイナンバーの記載が必要となるタイミングは、書類の種類によって異なります。

基本的には、必要となる時期までに、適時にマイナンバーを取得できていれば問題ありません。

　例えば、平成27年分の源泉徴収票は、提出が平成28年1月以降であってもマイナンバーの記載は不要です。しかし、平成28年1月に給与を支払った従業員が、その直後に退職したような場合は、対応が違ってきます。従業員に発行する源泉徴収票にはマイナンバーの記載は不要ですが、給与支払報告書には記載が必要となります。平成29年1月に市区町村へ提出する給与支払報告書は、「従業員の平成28年分の給与情報」なのでマイナンバーの記載が必要となるわけです。

　次節からは、マイナンバーを取得する対象者別に、取得のタイミングなどを詳しく確認していきましょう。

マイナンバー取得の主な対象者

- 正社員／契約社員／嘱託社員
- 役員
- パート／アルバイト
- 従業員／役員の扶養家族
- 講師／税理士／司法書士／社会保険労務士／株主 など

Point! 事業者は報酬を支払うすべての方のマイナンバーを取得しなければならない

02 マイナンバーの取得方法は？①

〈従業員の場合〉入社時に本人から、在籍者は平成27年内の取得がベスト

　まずはマイナンバーを従業員（役員、社員、パート・アルバイト）から取得するケースを見てみましょう。

　マイナンバー制度が開始する前は、従業員の採用時に従業員本人から扶養控除等申告書や身元保証書、年金手帳などを提出してもらい、入社関連の手続きを行なっていました。

　マイナンバー制度の開始後は、このプロセスに「マイナンバーを申告してもらうこと」が加わることになります。

　具体的には、従業員から入社手続書類一式を提出してもらう際に、マイナンバーが確認できる書類（「個人番号カード」「通知カード」「マイナンバー記載の住民票の写し」など）と、本人確認書類（「個人番号カード」「写真付き身分証明書」など）を提示してもらい、それらを〝照合〟することでマイナンバーを取得することになります。

　前述しましたが、平成28年1月以降に給与の支払いのあった従業員が年度の途中で退職するケースのほか、雇用保険関係の手続きでは、平成28年1月からすぐに帳票類へのマイナンバーの記載が必要となるケースが発生します。具体的な届出は、以下のとおりです。

◎平成28年1月からマイナンバーが必要な届出
①雇用保険被保険者資格取得届
②雇用保険被保険者氏名変更・喪失届

③高年齢雇用継続給付受給資格確認票・(初回)高年齢雇用継続給付支給申請書
④育児休業給付受給資格確認票・(初回)育児休業給付金支給申請書
⑤介護休業給付支給申請書
　(③〜⑤を事業者が提出する場合には労使間での協定の締結が必要)

　そのため、マイナンバー制度の開始時に在籍している従業員には、平成28年1月から始まるマイナンバー関係の事務のためにも、前もって取得することをお勧めします。

　具体的に、マイナンバーを取得する時期は通知カードが個人のもとに届く平成27年10月から年内がベストです。仮に従業員が通知カードを紛失した場合、市区町村の役場窓口で改めて手続きが必要となり、再発行までに手間も時間もかかります。

　このようなケースも考慮すると、常に余裕を持ったスケジュールで、マイナンバー取得の準備を進めることが肝要です。

マイナンバー制度開始後に提出してもらう書類

◎ マイナンバーが確認できる書類(個人番号カードなど)
◎ 本人確認書類(個人番号カード／運転免許証／パスポートなど)

マイナンバー制度開始前から提出してもらっていた書類	◎ 扶養控除等申告書 ◎ 身元保証書　◎ 年金手帳　など

Point!　従業員の採用時に、そのほかの必要な書類と併せて、マイナンバーと本人確認ができる書類を提出してもらう

# マイナンバーの取得方法は？②

〈従業員の扶養家族の場合〉
基本的には、従業員と同様に取得する

　ここからは、従業員の扶養家族のマイナンバーを取得する場合を確認してみましょう。従業員の扶養家族の場合も、基本的には、従業員と同じタイミングで取得することになります。

　従業員の入社手続き時や、平成28年1月前にマイナンバーを収集する場を設ける場合には、そのタイミングとなります。

　マイナンバー制度開始後に、従業員が婚姻して配偶者を扶養家族にする場合や、子どもが誕生したときなどは、そのつど、扶養家族分のマイナンバーを申告してもらう必要があります。

　扶養家族のマイナンバー取得の際は、基本的には、従業員本人が家族の本人確認を行なう〝位置付け〟になっています。事業者は扶養家族分のマイナンバーだけを従業員本人から取得すればOKです。

　具体的には、扶養家族分のマイナンバーを「個人番号報告書」などの書類に記入してもらいます。これで扶養家族のマイナンバー取得は完了です。実務担当者はこの点を覚えておきましょう。

　ただし、注意が必要なケースも、なかにはあります。従業員の扶養家族のなかでも「国民年金第3号被保険者（従業員の配偶者）」の手続きは、少し複雑かもしれません。第3号被保険者が、直接、事業者に対して届出を行なうことになっているからです。つまり、「事業者自らが、扶養家族の本人確認を行なう義務がある」のです。

　この点に関しては、のちほど詳しく説明します（→100ページ）。

【サンプル例：個人番号報告書】

個人番号報告書

株式会社○○○○○○
代表取締役　○○○○　殿

私及び扶養家族の個人番号を報告します。

				個人番号												

本人	氏 名		
	住 所		
	添付する確認書類 ※該当に☑	☐　個人番号カード ☐　通知カード＋（　　　　　　　　　　　　　　　　　） ☐　個人番号記載の住民票の写し＋（　　　　　　　　　　　） ☐　個人番号記載の住民票記載事項証明書＋（　　　　　　　） ※運転免許証、パスポートなどの身元確認書類	

扶養家族	氏 名	
	住 所	
	確認書類 ※該当に☑	以下の書類により、本人確認を行いました。 ☐　個人番号カード ☐　通知カード＋（　　　　　　　　　　　　　　　　　） ☐　個人番号記載の住民票の写し＋（　　　　　　　　　　　） ☐　個人番号記載の住民票記載事項証明書＋（　　　　　　　） ※運転免許証、パスポートなどの身元確認書類

扶養家族	氏 名	
	住 所	
	確認書類 ※該当に☑	以下の書類により、本人確認を行いました。 ☐　個人番号カード ☐　通知カード＋（　　　　　　　　　　　　　　　　　） ☐　個人番号記載の住民票の写し＋（　　　　　　　　　　　） ☐　個人番号記載の住民票記載事項証明書＋（　　　　　　　） ※運転免許証、パスポートなどの身元確認書類

扶養家族	氏 名	
	住 所	
	確認書類 ※該当に☑	以下の書類により、本人確認を行いました。 ☐　個人番号カード ☐　通知カード＋（　　　　　　　　　　　　　　　　　） ☐　個人番号記載の住民票の写し＋（　　　　　　　　　　　） ☐　個人番号記載の住民票記載事項証明書＋（　　　　　　　） ※運転免許証、パスポートなどの身元確認書類

※　個人番号カード（表・裏）、通知カード及び身元確認書類についてはコピーを添付してください。
※　扶養家族欄が足りない場合は、本様式をコピーして使用してください。

署名　　　　　　　　　　　　　㊞

04 マイナンバーの取得方法は？③

〈「掛け持ち勤務」のパート・アルバイトの場合〉
「従たる」給与の場合にも提出が必要

　パート・アルバイトのマイナンバー取得に関しても、一般の従業員の場合と同様です。しかし、主婦などのパート従業員やアルバイト従業員の場合、2カ所以上の事業所から給与をもらっている方も少なくありません。いわゆる「掛け持ち勤務」です。

　このような場合は、そのうちの1社が「主たる」給与をもらう会社で、残りは「従たる」給与をもらう会社となります。扶養控除等申告書は「主たる」給与をもらう会社に提出しますので、「従たる」給与をもらう会社には提出することはありません。

　飲食業や小売業といった業種においては、扶養控除等申告書を提出しない〝乙欄〟のパート従業員やアルバイト従業員を雇うケースも多いのではないでしょうか。ですが、こうした掛け持ち勤務の従業員であっても、マイナンバーを取得しなくてはなりません。

　多くの場合、従業員の採用時にマイナンバーを記載した扶養控除等申告書を提出してもらい、本人確認書類と照合して、マイナンバーを取得することになります。しかし、扶養控除等申告書を提出しない方の場合には、「個人番号報告書」のようなマイナンバー記入用紙を準備し、マイナンバーを取得することが必要です。

　このような雇用形態の場合は、短期間で突然辞めてしまうケースも珍しくありません。辞めたあとに連絡を取ることは困難です。こうした点も考慮し、採用時にマイナンバーを取得するようにしてください。

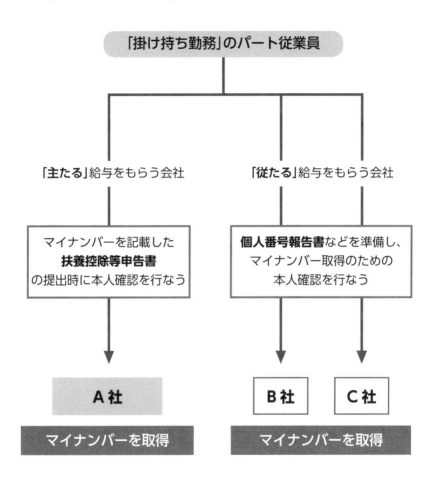

PART2 マイナンバーの取り扱いの実務① 「取得」

マイナンバーの取得方法は？④

〈採用内定者の場合〉
さまざまなケースを考慮し、事前アナウンスを

　次は、採用内定者のケースを確認します。採用内定者といっても、その立場や状況はさまざまです。ゆえに採用内定者だからといって一律に取り扱うことはできません。

　マイナンバーは「必要なとき以外は取得しない・保管しない」が原則です。とはいえ、例えば、確実に雇用されることが予想される場合（具体的には、正式な内定通知が成され、入社に関する〝誓約書〟が提出されている場合など）には、採用内定者であっても、その時点でマイナンバーの提供を求めることが可能です。

　そのためにも、会社における採用内定者の位置付けを就業規則などで明確にしておく必要があります。

　また、採用内定者が新卒採用だった場合では、次のような問題も予想されます。平成27年10月以降、マイナンバー通知のため、市区町村から各世帯ごとに「通知カード」が郵送されました。

　この通知カードは、住民票の住所地に郵送されることになっています。そのため、住民票を実家から移していない一人暮らしの学生は、自分のマイナンバーを知らない場合や、手元にないために確認する時間を要することが予想されます。

　総務や人事の実務担当者は、こうしたケースも考慮したうえで、採用内定者に「マイナンバー確認書類を入手しておくこと」を前もってアナウンスしておきましょう。これは学生アルバイトにも同様です。

採用内定者からのマイナンバー取得のタイミング

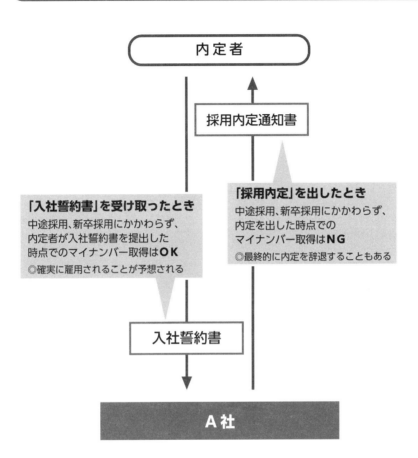

> Point!　採用の際には、「マイナンバー確認書類の入手」について
> 前もってアナウンスしておくことが肝要‼

● 実家から住民票を移していない一人暮らしの学生は、自分の
　マイナンバーを知らない場合や、確認に時間を要する場合も……

06 マイナンバーの取得方法は？⑤

〈外注先の場合〉（講師や税理士、外注スタッフなど）
支払調書にマイナンバーの記載が必要

　講師や弁護士、税理士、外注スタッフなどに仕事を依頼して、報酬を支払った際は、経理の実務担当者が支払調書を作成することになります。

　こうした支払調書にも、当該講師や弁護士などのマイナンバーの記載が必要です（外注先が法人の場合は、支払調書には法人番号を記載することになります）。そのため、報酬を支払った外注先に対しても、マイナンバーの提供を求めることになります。

　ただし、支払調書のなかには、支払金額が所管法令で定める金額以下である場合、税務署への提出が必要ないとされているものもあります。

　この場合は、支払調書そのものが不要となるので、もちろんマイナンバーの取得も必要ありません。

　それでは、契約の締結時点で支払金額が定まっていないようなケースにおいてはどうなるのでしょうか。

　この場合、「マイナンバー関係事務手続きを行なう必要が予想される」として、契約の締結時点でマイナンバーの提供を求めることができます。

　ただし、その後に「マイナンバー関係事務手続きを行なう必要がない」ことが明確になった場合には、できるだけ速やかにマイナンバーを「廃棄または削除」してください。

　マイナンバー制度で重要なポイントは、「提供を求める（取得）」もそうですが、必要がなくなったときの廃棄または削除も重要です。

　また、マイナンバーは提供を受けるたび、本人確認を行なう必要があ

りますが、〝例外的〟に「本人確認が不要」となるケースもあります。

例えば、何らかの事態が発生したときに、いつも業務依頼（契約締結）をしている弁護士がいる場合などです。

支払調書の作成事務のために、弁護士からマイナンバーの提供を受けていた場合、その後の業務依頼（契約締結）の際にも、そのときのマイナンバーを利用することができます。こうしたケースでは「継続的な委任契約がある」と見ることができるからです。

外注先からもマイナンバーを取得する

A社 →報酬→ ・講師 ・弁護士 ・税理士 ・外注スタッフ　など

←マイナンバー　1234 56** ****

Point! 外注先へ報酬を支払った際に発行する支払調書にもマイナンバーを記載する

07 マイナンバーの取得方法は？⑥

〈派遣社員の場合〉
マイナンバーの取得や確認は必要ない

　派遣会社から派遣されている派遣社員を受け入れる事業所も多いのではないでしょうか。派遣社員に関しては、派遣元である派遣会社との間に雇用関係があります。
　したがって、派遣元で給与の支払いや、労働社会保険手続きを行なっているため、マイナンバーを取得、確認する必要はありません。
　事業者が派遣元の場合はどうでしょうか？
　前述のとおり、派遣社員は派遣元である派遣会社との間に雇用関係があります。派遣社員には、派遣先企業に派遣されているかどうかにかかわらず、派遣元との間に雇用関係のある「常用型派遣」と、派遣会社に登録して、派遣先企業が決まった段階で派遣元と雇用関係が生じる「登録型派遣」があります。
　常用型派遣におけるマイナンバーの取得は、通常の従業員などと同様の〝フロー〟になると思いますが、登録型派遣の場合は要注意です。
　採用内定者のケースでも述べましたが、マイナンバーは「必要なとき以外は取得しない・保管しない」が原則です。派遣先が決まっていない登録だけの状態では、マイナンバーの事務手続きが発生するかどうかはわかりません。そのため、登録型派遣の場合においては、原則、マイナンバーの提供を求めることはできません。
　とはいえ、実際は登録時のみ派遣会社へ行き、その後はメールや電話での連絡のみといったことも多いようです。

特定個人情報保護委員会のガイドラインでも、「登録時にしか本人確認・個人番号の提供を求める機会がなく、派遣先が近い将来決まる可能性が高いケースなどに限り、登録時にマイナンバー提供を求めることができる」との記載があります。

　したがって、登録型派遣の場合には、登録時と同じタイミングでマイナンバーの提供を求めるケースも多いでしょうから留意してください。

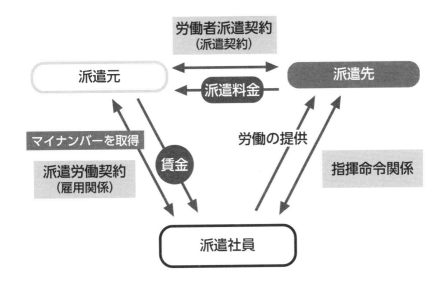

派遣社員とマイナンバー

Point! 派遣社員に対して賃金を直接支払う派遣元の事業者が派遣社員のマイナンバーを取得する

08 マイナンバーの取得方法は？⑦

〈そのほかの場合〉（海外赴任者／外国人従業員／株主／不動産の貸主）**さまざまなケースがある**

ここでは、ちょっと特殊な方に対するマイナンバー取得を解説します。

◎海外赴任者の場合

マイナンバーは平成27年10月時点で日本に住民票がある方に付番されます。そのため、この時点で海外赴任をしていて国外に滞在している方には、マイナンバーは付番されません。海外赴任者の場合は、日本へ帰国して、住民登録を済ませるとマイナンバーが付番されますので、それ以降に取得、確認することになります。

マイナンバー制度開始後に海外赴任をすることになった場合はどうでしょうか。マイナンバーは、一度付番されると、原則、生涯変わらないことになっていますので、住民票を〝除票〟して海外赴任し、その後に帰国した場合も、以前と同じマイナンバーを利用することになります。

◎外国人従業員の場合

マイナンバーは、国籍を問わず、日本に住民票があるすべての方に付番されます。中長期の在留、特別永住されている外国人にも、マイナンバーは付番されます。

外国人留学生であっても、基本的には、マイナンバーを持つことになりますので、そのような方を雇用する場合は、その方のマイナンバーを取得、確認する必要があります。

◎**株主の場合**

　株主へ配当金を支払う際の支払調書にも、株主のマイナンバーを記載します。自社で株主管理を行なっている事業者は、株主からマイナンバーを取得するにあたっては、従業員のときと同様のプロセスを踏んでマイナンバーを取得、確認します。

◎**不動産の貸主の場合**

　不動産の使用料等の支払調書も同様です。不動産の貸主と契約を締結する時点で、税務署への支払調書の提出が必要な金額を超えないことが明らかな場合は、契約時点で提供を求めることはできません。ですが、年度の途中に契約を締結し、その年の支払金額は支払調書の提出が不要な金額であっても、翌年は提出が必要な金額であれば、翌年の支払調書の提出事務のために、契約時点で提供を求めることはできます。

不動産の使用料とマイナンバー

●▲商店（事業者） ― 家賃・地代 → 不動産の貸主（個人）
※年額15万円超
← マイナンバー 1234 56** ****

Point! 事業者は外国人従業員、株主、不動産の貸主からマイナンバーの取得が必要!!

09 マイナンバーの取得手続きとは？

「利用目的」の明示と、厳格な「本人確認」を行なう

マイナンバー制度において、マイナンバーの取得手続きは、事業者の実務担当者が「面倒」「不安」「よくわからない」と感じる作業の上位にランクインすることでしょう。

マイナンバーを従業員などから取得するときは、「利用目的」の明示と、厳格な「本人確認」が必要だからです。ただ単純にマイナンバーのみを提供してもらえばよいわけではないのです。

◎「利用目的」を明示する

マイナンバーを従業員などから取得する際は、法律で認められた利用目的を特定し、通知または公表する必要があります。法律で限定的に明記された場合以外で、提供を求めたり、利用したりすることはできません。そのため、仮に本人の同意があったとしても、法律で認められる場合以外でマイナンバーの提供や利用はできないことになっています。

◎厳格な「本人確認」を行なう

本人確認では、「正しい番号であることの確認（番号確認）」と、「手続きを行なっている者が番号の正しい持ち主であることの確認（身元確認）」をします。番号のみでの本人確認では〝他人のなりすまし〟のおそれもあることから、マイナンバー制度においては、番号のみでの本人確認は認められていません。必ず番号確認と身元確認が必要です。

「利用目的」の明示と厳格な「本人確認」を

利用目的の明示

- マイナンバーを取得する際は、**利用目的を特定して明示**する必要がある

  (例)「源泉徴収票作成事務」「健康保険・厚生年金保険届出事務」

- 源泉徴収や年金、医療保険、雇用保険など、
  複数の目的で利用する際は、**まとめて目的を明示**しても構わない

  ※マイナンバーを取得する際は、個人情報保護法第 18 条に基づき、利用目的を
  本人に通知または公表する。また、本人から直接書面に記載されたマイナンバー
  を取得する際は、あらかじめ本人に対し、その利用目的を明示する

厳格な本人確認

- マイナンバーを取得する際は、〝他人のなりすまし〟**などを防止**するため
  厳格な本人確認を行なう

- 本人確認では、**①正しい番号であることの確認**(番号確認)と、
  ②手続きを行なっている者が番号の正しい持ち主であることの確認
  (身元確認)をする

利用目的はあらかじめきちんと明示し、
本人確認は〝他人のなりすまし〟防止のためにも厳格に!!

10 「利用目的」の明示とは？

マイナンバーの「利用目的」を特定して、通知すること

　マイナンバーの利用目的の明示では、複数の利用目的を〝包括的〟に明示することが可能です。発生が予想される事務であれば、あらかじめ利用目的に加えておきましょう。利用目的はあとから追加することはできませんので注意してください。

　ただし、例外はあります。例えば、雇用契約に基づく源泉徴収票の作成事務という利用目的を通知して、提供を受けたマイナンバーを、同じく雇用契約に基づく健康保険・厚生年金保険届出事務などに利用する場合は、利用目的を変更して、本人への通知を行ないます。

　そうすることで、マイナンバーを健康保険・厚生年金保険届出事務などに利用することができます。

　利用目的を通知する方法としては、従業員の場合は、社内ＬＡＮや就業規則による特定・通知、利用目的通知書の配付、社内掲示板への掲示などの方法が考えられます。

　利用目的の通知は、右ページの「個人番号利用目的通知書」のサンプル例にもあるように、マイナンバーの利用目的を明確に記載すればよく、具体的なマイナンバーの提出先を記載する必要はありません。

　例えば、利用目的に「雇用保険届出事務」との記載があれば、「提出先はハローワークである」とおのずと明らかになるからです。

　また、あくまで通知すればよいのであって、利用目的について従業員などの同意を得る必要はありません。

【サンプル例：個人番号利用目的通知書】

平成○○年○○月○○日

当社従業員　各位

株式会社□□□□□□□□

代表取締役　○○○○

個人番号利用目的通知書

当社は、貴殿および貴殿の扶養家族の個人番号（行政手続きにおける個人を識別するための番号の利用等に関する法律に定める個人番号）を以下の目的で利用いたします。

① 給与所得・退職所得の源泉徴収票作成事務

② 健康保険・厚生年金保険届出事務

③ 雇用保険届出事務

④ 労働者災害補償保険法に基づく請求に関する事務

⑤ 国民年金第3号被保険者届出事務

11 マイナンバーの本人確認は「なにを」行なう？

「番号確認」と「身元確認」をきちんと行なう必要がある

　92ページでも少し触れましたが、マイナンバーの本人確認では「番号確認」と「身元確認」を行ないます。番号確認とは、従業員などから提供されたマイナンバーが「正しい番号であることの確認」です。身元確認とは、「手続きを行なっている者がその番号の正しい持ち主であることの確認」です。

　「本人確認」「番号確認」「身元確認」と、似たような用語なので混同しがちですが、番号確認と身元確認を合わせたものが本人確認です。ここはしっかりと覚えておきましょう。

　これらの確認は、従業員などから確認に必要な書類を提示してもらい、行なうことになります。

　本人確認で必要となる書類には、「個人番号カード」や「通知カード」などの番号確認のためにマイナンバーが記載されている書類と、個人番号カードや「写真付きの証明書（運転免許証、パスポート）」などの身元確認のために〝本人実存〟を確認する書類があります。

　扶養控除等申告書、個人番号報告書などのマイナンバー提示書類と、上記の番号確認と身元確認のための書類を確認することで、本人確認が成されたことになります。

　個人番号カードは１枚で唯一本人確認が行なえる書類です。マイナンバー制度導入による手間や負担を少しでも軽減するために、従業員などに個人番号カードの取得を促すことを、是非、お勧めします。

マイナンバーの本人確認

本人確認

番号確認 身元確認

本人確認で必要となる書類

扶養控除等申告書、個人番号報告書などの「**マイナンバー提示書類**」と、下記の【Aグループ】【Bグループ】それぞれの書類を確認するこで、番号確認と身元確認が行なわれ、本人確認が成されたことになる

● 【Aグループ】【Bグループ】の両方に属している「**個人番号カード**」は、1枚で本人確認が行なえる

Aグループ

マイナンバーが記載されている書類
（番号確認）

※下記のうち1点

1. 個人番号カード
2. 通知カード
3. マイナンバー記載の住民票の写し
4. マイナンバー記載の住民票記載事項証明書

Bグループ

本人実存を確認する書類
（身元確認）

※下記のうち1点

1. 個人番号カード
2. 写真付きの身分証明書
   （運転免許証、パスポート、在留カードなど）
3. 上記「1.」「2.」の提示が困難なときは、下記の書類から2点以上
   ・健康保険被保険者証
   ・国民年金手帳
   ・児童扶養手当証書
   ・住民票の写し　　など

Point! 本人確認に用いる書類の種類によって、確認する書類の数は1種類から3種類必要となる

12 マイナンバーの本人確認は「誰が」行なう？①

〈従業員の扶養家族の場合〉
従業員が本人確認を行なう

　従業員の扶養家族（扶養親族）のマイナンバー取得の場合は、どうすればよいのでしょうか？

　従業員の扶養家族のマイナンバーは、法律上、基本的には、従業員が本人確認を行なう義務を負っています。そのため、事業者に扶養家族に関する本人確認の義務はありませんし、監督義務も生じません。

　これまでにも述べましたが、事業者の実務担当者は、扶養家族分のマイナンバーだけを従業員から取得すればよいのです。

　具体的には、従業員に扶養家族分のマイナンバーを必要書類に記入してもらうだけです。これで完了となります。

　しかしながら、より正確な事務手続きを行なうために、事業者が従業員の同意を得て、扶養家族の「個人番号カード」や「通知カード」のコピーを取得、保管することもできます。

　従業員の被扶養者のマイナンバーに関しても、厳格な本人確認を行なったうえで、提供を受けることは非常に大切です。

　ただし、扶養家族が赤ちゃんやお年寄りの場合、個人番号カードや、そのほかの写真付きの身分証明書を提出できないケースも少なくありません。本人確認書類の提出を求める際には、こうしたケースも事業者の実務担当者は念頭に入れておくべきでしょう。

　また、適切な安全管理措置を講ずる必要があることも留意しておかなければなりません。

従業員の扶養家族のマイナンバー取得

マイナンバーの本人確認の必要性

扶養家族のマイナンバーの本人確認は不要!!

扶養控除等申告書の提出
↓
事業者への提出義務は**従業員**にある

従業員のマイナンバー　→　確認が**必要!!**

扶養家族のマイナンバー　→　確認は**不要!!**

Point!　扶養家族の本人確認は、原則として、従業員が行なう

- 扶養控除等申告書の提出について、事業者への提出義務はあくまでも従業員本人であり、扶養家族のマイナンバーの本人確認も従業員本人が行なう
- 事業者が扶養家族の本人確認を行なう必要はない

13 マイナンバーの本人確認は「誰が」行なう？②

〈扶養家族が「国民年金第3号被保険者」の場合〉事業者が本人確認を行なう

　従業員の扶養家族が、国民年金第3号被保険者である場合では、マイナンバーの本人確認はどうなるのでしょうか。

　国民年金第3号被保険者とは、会社員（厚生年金保険の加入者）や公務員などの国民年金第2号被保険者に扶養される配偶者の方を指します。自営業者や学生などは、国民年金第1号被保険者です。

　国民年金第3号被保険者に関するマイナンバー取得手続きは、制度上、国民年金第3号被保険者自身が、直接事業者に届出を行なう仕組みになっています。そのため、そのほかの扶養家族の場合と異なり、従業員は本人確認を行なうことができず、事業者自らが国民年金第3号被保険者の本人確認を行なう義務があるのです。

　具体的に、どのように本人確認を行えばよいのでしょうか。

　例えば、国民年金第3号被保険者である従業員の配偶者に、直接事業所へ出向いてもらい、事業者自らが本人確認を行なう方法も考えられますが、あまり現実的ではありません。

　そこで通常は、従業員が配偶者に代わって事業者にマイナンバーの提供を行なうことが想定されます。その際、従業員は配偶者の代理人ということになりますので、配偶者の「委任状」（次ページ）も提出してもらう必要があります。そして、事業者は配偶者の本人確認のほか、委任状等で従業員の〝代理権〟の確認などを行ない、配偶者のマイナンバーを取得、確認することになります。

【サンプル例：委任状】

株式会社□□□□□□□ 提出用

委任状

　私は、私の配偶者であり、株式会社□□□□□□□の従業員である

(氏名)＿＿＿＿＿＿＿＿＿＿＿＿を代理人に選定し、国民年金第3号被保険者

届出事務に関して、株式会社□□□□□□□に個人番号（行政手続きにお

ける個人を識別するための番号の利用等に関する法律に定める個人番号）

を提供する権限を付与します。

平成〇〇年〇〇月〇〇日

　　　　　　　(配偶者氏名)＿＿＿＿＿＿＿＿＿＿＿＿＿＿＿＿

※別の方法として、
事業者が従業員を代理人として配偶者の本人確認を
委託する方法も考えられます

 **マイナンバーの本人確認における主な手段は？**

対面方式、書類送付方式、オンライン方式の3つがある

　マイナンバー取得時における主な本人確認の手段としては、①対面方式、②書面送付方式、③オンライン方式の3つが挙げられます。

◎主な本人確認の手段
①対面方式
　従業員などが直接確認作業を行なう場所へ出向き、本人確認書類を提出し、その場で事業者の実務担当者が直接本人確認を行なう方法です。
②書面送付方式
　確認手続きを行なう部署に本人確認書類の写しなどを送付し、送付されてきた書面で、事業者の実務担当者が本人確認を行なう方法です。
　この方式の場合、書留郵便が原則となります。
③オンライン方式
　本人確認書類をデータで事業者へ送信し、確認手続きを行なう事業者の実務担当者が送られてきたデータで、本人確認を行なう方法です。
　データはスキャンしたPDFファイルでも、スマートフォンなどで撮った画像ファイルでも可能です。
　例えば、従業員は個人番号報告書のテンプレートへマイナンバーを入力し、このデータファイルと、本人確認書類の画像を事業者へ送ります。そして、事業者の実務担当者は送られてきたデータファイルと画像ファイルとを照合し、本人確認を行なってマイナンバーを取得します。

書類送付の費用などを考慮すると、マイナンバー取得手続きにかかるコストが抑えられるメリットがあります。

　①～③のいずれの方式であっても、本人確認に使用する書類等の種類は同じです。これらの確認書類を原本で確認するのか、写しまたはデータファイルで確認するのかの違いとなります。事業の規模や〝従業員の年齢層〟などによって、最適な確認手段は異なるでしょう。
　なお、一定の要件を満たしている場合は、電話での本人確認も可能ですが、初回の取得時には、①～③のいずれかでの対応になることが多いでしょう。

主な本人確認の手段

① 対面方式
- 直接本人確認を行なう

② 書面送付方式
- 送付されてきた書面で本人確認を行なう

③ オンライン方式
- 送られてきたデータで本人確認を行なう

Point! 本人確認に使用する書類等の種類は、どの方法も同じ

15 本人確認は1回行なえばよい？

例外として、2回目以降は
不要なケースもある

　本人確認の手段が、前述しましたいずれの方式であっても、従業員などからマイナンバー記載の書類を提出してもらう場合には、原則として、そのつど、本人確認を行なう必要があります。

　ただし、2回目以降の「番号確認」は、「個人番号カード」や「通知カード」などの提示を受けることが困難ならば、事業者の実務担当者が1回目に本人確認を行なって取得したマイナンバーの記録と照合する方法でも構わないとされています。

　また、「身元確認」については、雇用関係にあることなどから本人に相違ないことが明らかに判断できると、「個人番号利用実務実施者が認めるとき」は、身元確認のための書類の提示は必要ないとされています。

　「個人番号利用実務実施者が認めるとき」とは、「行政機関（税務署・年金事務所・ハローワークなど）が認めるとき」という意味です。

　簡単にいうと、入社時などの過去に従業員の身元確認をきちんと行なってきた場合に、本人確認のうち「身元確認はしなくてもよい」ということになります。

　マイナンバー制度開始を機に、パート・アルバイトも含め、すべての従業員の採用時に厳格な身元確認を行なうことも大切です。

　なお、本人確認の際に、「どのように本人確認を行なったのか」を記録しておくことは、法律上、義務付けられてはいませんが、「望ましい」とされています。

万が一、外部にマイナンバーの情報漏えいが起こってしまった場合などは、特定個人情報保護委員会による〝立ち入り検査〟が行なわれ、資料の提出を求められることになります。ここでいう資料とは「情報漏えいの原因究明に必要な資料」のことです。

　そのような場面に備えて、本人確認手続きに関する記録を取ることは必要なことでしょう。事業者内のマイナンバーに対するコンプライアンス(法令遵守)意識を高めることにもつながります。少しだけ事務負担は増えますが、本人確認手続きに関する記録はきちんと残しておくようにしてください。

本人確認の手続きを記録する

● 本人確認の手続きに関する記録事項

- ◎ 確認日時
- ◎ 確認の場所
- ◎ 確認した事業者の実務担当者の氏名
- ◎ 対象従業員などの氏名
- ◎ 本人確認を行なった書類の種類　　など

Point! 社内のマイナンバーに対するコンプライアンス意識を高める効果もある

16 支店や営業所がある場合の本人確認はどうする?

本社以外でも、本人確認をすることができる

　本社(本店)以外に、支店や営業所、店舗などがある場合、従業員なども複数の勤務地に点在します。このようなケースで本人確認をすべて本社で行なうのは困難を極めます。

　じつは本社に限らず、支店や営業所、店舗などの実務担当者が、本人確認を行なうことができるのです。支店や営業所などがある場合の本人確認には、以下の3つのケースが考えられます。

◎**支店や営業所などの従業員に対する本人確認の方法**

①**本社が本人確認を行なう(パターンA)**

　支店などの実務担当者が、従業員の必要書類(写し)を収集し、それを本社へ郵送やメールで提供して、本社で本人確認を行ないます。支店などの実務担当者は、提出書類に不備がないかはチェックできますが、その後はできるだけ速やかに提出書類を本社へ受け渡さなければなりません。つまり、支店などの実務担当者は手元にマイナンバーや「特定個人情報」を残すことができないのです。

②**本社が本人確認を行なう(パターンB)**

　支店や営業所などを介さず、本社が支店などの従業員の必要書類(写し)を収集し、本社で本人確認を行ないます。この場合、書留郵便による書面方式またはメールなどでのオンライン方式によって、本人確認を行なうことになります。オンライン方式でデータを送信する場合、パス

ワード設定を行なうなど、情報漏えいを防止するための安全管理措置を講じる必要があります。

③支店などの実務担当者が本人確認を行なう

支店などの実務担当者が、従業員の本人確認を行ないます。この場合は、支店などの実務担当者が〝対面〟でマイナンバーの提供を受けることになるため、その場で本人確認を実施します。本人確認書類を支店などで管理する場合は、適切な安全管理措置を講じる必要があります。

支店や営業所などの従業員に対する本人確認

① 本社が本人確認を行なう（パターン A）

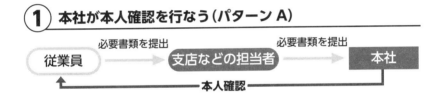

② 本社が本人確認を行なう（パターン B）

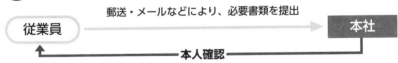

③ 支店などの実務担当者が本人確認を行なう

17 出向や転籍時におけるマイナンバーの取り扱いは？

改めてマイナンバーの提供を受ける必要がある

　従業員がグループ会社へ出向や転籍になった場合、出向先・転籍先において、従業員（出向者・転籍者）のマイナンバーが必要になります。
　しかし、マイナンバーを含む「特定個人情報」を出向先・転籍先へ移動させることには〝制限〟が設けられています。
　この場合の特定個人情報の移動は、番号法（行政手続における特定の個人を識別するための番号の利用などに関する法律）における「提供」にあたるため、社会保障、税、災害対策に関する特定の事務のために行政機関へ提供する場合に限られます。
　そのため、グループ会社であっても別会社である以上、出向先・転籍先の事業者が、直接本人に給与の支払いをする場合には、改めてマイナンバーの提供を受けることが必要となります。
　また、会社によっては、系列会社間の共有データベースで、従業員の個人情報を管理しているケースもあることでしょう。
　こうした環境下であっても、従業員の出向・転籍に伴って、社内システムで管理する特定個人情報のアクセス制限を解除するなどして、出向元・転籍元のファイルから、出向先・転籍先のファイルにマイナンバーを移動させることは、違反行為となります。
　ただし、出向元・転籍元の事業者が、出向先・転籍先からの委託を受けて、改めて従業員からのマイナンバーの告知を受け、本人確認を行なえば、出向先・転籍先の事業者に特定個人情報を提供することができます。

出向や転籍時のマイナンバーの取り扱い

「特定個人情報」の提供を制限

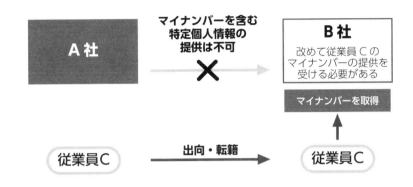

データベースの共有

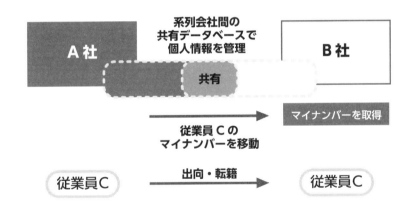

Point! 出向・転籍元の事業者が、出向先や転籍先からの委託を受けて、従業員からのマイナンバーの告知を受け、本人確認を行なえば、出向先や転勤先へのマイナンバーの移動が認められる

18 もしも、マイナンバーの提供を拒まれた場合はどうする？

書類提出先の行政機関の指示に従う

　これまで述べてきたように、事業者の実務担当者は、社会保障や税の書類作成のために、従業員などからマイナンバーを取得する必要があります。

　マイナンバー取得時には、従業員などに対して、「社会保障や税に関する書類作成のためにマイナンバーを記載することは義務である」ことを周知します。しかし、マイナンバー制度への〝理解度〟が低い導入当初は、従業員や外部の取引先、株主などへマイナンバーの提供を求めても、一切の回答がなかったり、拒まれたりするケースも否めません。

　そうした場合には、どう対応すればよいでしょうか。

　従業員などがマイナンバーを提供しなかったとしても、従業員などに対する罰則はありません。

　事業者がマイナンバーの提供を受けられなかったとしても、事業者に対する罰則もありません。

　そのため、マイナンバーの提供を拒まれた場合は、書類提出先の行政機関（税務署・年金事務所・市区町村役場など）の指示に従うことになります。法定調書などにマイナンバーの記載がなくとも、行政機関が書類を受理しないということはありません。

　マイナンバーの提供を拒まれた場合には、提供を求めた経過や、提供を拒まれた理由等を記録・保存しておくことをお勧めします。

　このような対応を取ることで、単なる義務違反でないことを明らかにしておくのです。

マイナンバーが取得できない場合

事業者 → マイナンバーの提供を求める → ・従業員 ・外部の取引先 ・株主 など

- 「源泉徴収票に記載して提出します」などと「利用目的」をきちんと明示する
- 「社会保障や税に関する書類作成のためにマイナンバーを記載することは法律で定められた義務である」ことを周知する

マイナンバーの提供を拒否
一切の回答なし

マイナンバーの提供を拒まれた場合の対処法は？

◎ 書類提出先の行政機関（税務署・年金事務所・市区町村役場など）の指示に従う
◎ マイナンバーを未記載のままで法定調書などを行政機関へ提出する
◎ 提供を求めた経過や、提供を拒まれた理由等を記録・保存しておく

Point! 単なる義務違反でないことを明確にしておくことが大切!!

2. マイナンバーのキャラクター「マイナちゃん」とは?

　マイナンバーの広報用ロゴマークのキャラクター「マイナちゃん」は、平成26年5月30日生まれの白ウサギです。誰からも親しまれる愛称として「マイナちゃん」と名付けられました。ただのウサギではありません。数字の「1」を大切に手に持って、両目も「1」と体全体で一人ひとりの番号であるマイナンバーを表現しています。

　地方自治体の勉強会や説明会、さらにはテレビ出演、横浜市の1日市長もやりました。日本全国津々浦々いろんな場所で、マイナンバーのPR活動を精力的に行なっています。

　ちゃんと出演許可が必要で、内閣府大臣官房番号制度担当室に申請して、承認を受けることになります。

　イメージを損なわないように、細かい規定が設けられています。例えば、指定のカラーやデザイン以外のマイナちゃんや、マイナちゃんを複数並べることは禁止されているというように……。マイナちゃんは「Facebook」でアカウント(マイナちゃんのマイナンバー日記)を持ち、積極的に情報を発信しています。よく語尾に「マイナ」と付けます。是非、これからもマイナちゃんを応援してあげてください。

PART 3

マイナンバーの取り扱いの実務② 「保管・利用・廃棄」

- 🔑 個人番号利用事務
- 🔑 個人番号関係事務
- 🔑 基本方針
- 🔑 取扱規程
- 🔑 ①組織的安全管理措置
- 🔑 ②人的安全管理措置
- 🔑 ③物理的安全管理措置
- 🔑 ④技術的安全管理措置
- 🔑 マイナンバーの保管期間
- 🔑 クラウドサービス
- 🔑 プライバシーマーク制度
- 🔑 外部への委託

マイナンバーを安全に管理するためには？①

事業者ごとにさまざまな安全管理を行なわなければならない

　ここまでは、マイナンバー制度の概要、マイナンバーの取得や利用、提供における注意点などを中心に説明してきました。それらを踏まえたうえで、PART3では、個人の重要な情報であるマイナンバーを、事業者がどのように安全管理を行なうべきか、ここに触れていきます。

　事業者がマイナンバーを取り扱ううえでの安全管理に関しては、特定個人情報保護委員会のガイドライン（「特定個人情報の適正な取扱いに関するガイドライン（事業者編）」）で規定されています。それによると、事業者はマイナンバーを安全に管理し、外部への漏えいや紛失を防ぐために、「どのような事務でマイナンバーを取り扱うか？」「どのようなマイナンバーを取り扱うか？」「誰がマイナンバーを取り扱うか？」という〝措置〟を検討することになっています。

　これらを考慮しつつ、事業者はマイナンバーや「特定個人情報」を安全に管理するための方針（基本方針）と、安全に取り扱うためのルール（取扱規程等）を策定します。

　そして、以下の4つの安全管理措置を講じることになります。

①組織的安全管理措置（組織的に管理する）
②人的安全管理措置（人的に管理する）
③物理的安全管理措置（物理的に管理する）
④技術的安全管理措置（技術的に管理する）

マイナンバーの安全管理措置

- **どのような事務で**マイナンバーを取り扱うか？
- **どのような**マイナンバーを取り扱うか？
- **誰が**マイナンバーを取り扱うか？

Point! 事業者はマイナンバーの安全管理措置において、基本方針や取扱規程等をきちんと策定する!!

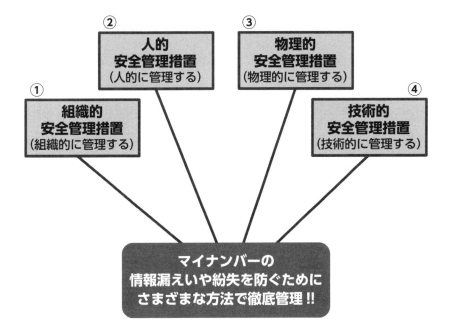

① 組織的安全管理措置（組織的に管理する）
② 人的安全管理措置（人的に管理する）
③ 物理的安全管理措置（物理的に管理する）
④ 技術的安全管理措置（技術的に管理する）

→ マイナンバーの情報漏えいや紛失を防ぐためにさまざまな方法で徹底管理!!

02 マイナンバーを安全に管理するためには？②

「どのような事務でマイナンバーを取り扱うか？」を明確にする

　マイナンバーを安全に管理し、外部への漏えいや紛失を防ぐうえで、まずは「どのような事務でマイナンバーを取り扱うか？」について明確にしておかなければなりません。

　マイナンバーを取り扱う事務には、「個人番号利用事務」と「個人番号関係事務」の2種類があります。個人番号利用事務とは、税務署や市区町村等の行政機関などが社会保障、税、災害対策に関する特定の事務においてマイナンバーを利用する事務のことです。一般の事業者では、行政機関などから委託を受けて個人番号利用事務を行なうことはあまりないと思われます。

　他方、個人番号関係事務とは、自らの業務でマイナンバーを利用するわけではなく、行政機関などがマイナンバーを業務利用する際に〝補助的〟に扱う事務のことです。会社や個人事業などの事業者がマイナンバーを取り扱う事務は個人番号関係事務で、以下のようなものが挙げられます。

◎社会保障関係の事務
　➡健康保険・厚生年金の資格取得や給付を受ける事務
　➡雇用保険の資格取得や給付を受ける事務
◎税関係の事務
　➡源泉徴収票や給与支払報告書の作成事務
　➡支払調書の作成事務

個人番号を取り扱う事務の全体的なイメージ

従業員
・入社 ・結婚 ・出産 など
マイナンバー
1234 56** ****
・給与の支払い
・社会保険料などの徴収

有識者
・原稿依頼 ・講演依頼 など
マイナンバー
5678 90** ****
・原稿料などの支払い

↓ 本人や扶養家族のマイナンバーを事業者に提示

事業者

◎ **個人番号関係事務**

従業員や有識者などのマイナンバーを**法定調書**(源泉徴収票、支払調書など)、**健康保険・厚生年金保険被保険者資格取得届**などに記載して行政機関などに提出

(支払調書／被保険者資格取得届／源泉徴収票)

↓ 法定調書などの提出

税務署・市区町村・年金事務所・健康保険組合・ハローワークなど

◎ **個人番号利用事務**

行政機関などが、**社会保障、税、災害対策**に関する特定の事務において、保有している個人情報の検索、管理のためにマイナンバーを利用

Point! 事業者が取り扱う事務は、主に「個人番号関係事務」となる

マイナンバーを安全に管理するためには？③

「どのようなマイナンバーを誰が取り扱うか？」を明確にする

　マイナンバーを取り扱う事務を確認したら、「どのようなマイナンバーを誰が取り扱うか？」を明確にしてください。

　まずは「個人番号関係事務」で取り扱うマイナンバーや「特定個人情報」の範囲を明確にしましょう。「マイナンバーや特定個人情報の範囲を明確にする」とは、具体的には、それぞれの事務において書類に記載されるマイナンバーと、それに関連付けて管理される「氏名」「生年月日」といった個人情報を〝洗い出す〟ことです。

　マイナンバーにさまざまな情報を関連付けると、万が一、情報が漏えいした場合などに被害が大きくなることも予想されるため、必要最小限の情報に限定したほうがよいでしょう。一般的には、従業員と扶養家族などのマイナンバーと「氏名」「生年月日」となります。

　次に、そのマイナンバーや特定個人情報を「誰が取り扱うか？」です。

　事業者は、事業者内でマイナンバーを取り扱う事務を行なう担当者（事務取扱担当者）を明確にしておく必要があります。事務取扱担当者といっても、事業者によっては個人を特定することが困難な場合も想定されます。

　そのような場合は、「部署名（○○課、○○係など）」「事務名（○○事務担当者）」などとすることで、事務取扱担当者が特定できれば個人名でなくとも構いません。マイナンバーを取り扱う事務の範囲、マイナンバーや特定個人情報の範囲、事務取扱担当者が明確になったら、今度は基本方針や取扱規程等を策定することになります。

安全管理措置の検討の進め方

マイナンバーを取り扱う事務の範囲の明確化

◎ 実際に行なう**マイナンバーを取り扱う事務**の範囲を明確にする

例えば…「給与の源泉徴収事務」「健康保険・厚生年金保険届出事務」のように、具体的な「名称」をつけて記述する

▼

マイナンバーや特定個人情報の範囲の明確化

◎ 事務において使用される**マイナンバーと、それに関連付けて管理される個人情報**(「氏名」「生年月日」など)の範囲を明確にする

▼

事務取扱担当者の明確化

◎ マイナンバーを**取り扱う事務を行なう担当者**を明確にする

▼

基本方針や取扱規程等の策定!!

Point! マイナンバーを取り扱ううえでの基本方針や、取扱規程等をしっかりと検討して策定することが重要!!

04 マイナンバーを安全に管理するためには？④

安全に管理するための方針(基本方針)を決める

　事業者は、マイナンバーや「特定個人情報」を安全に管理するための基本となる方針（基本方針）を策定します。

　基本方針とは、企業のホームページなどに掲載されているプライバシーポリシー（個人情報保護方針）のようなものです。

　この基本方針の作成は〝任意〟ですが、会社組織としての方向性をきちんと示す手段として非常に重要だと思われます。

　なお、基本方針には、以下のような項目を盛り込んでください。

◎基本方針に盛り込む主な項目
　➡事業者の名称
　➡関係法令・ガイドラインなどの遵守
　➡安全管理措置に関する事項
　➡質問・苦情処理の窓口など

　プライバシーマーク（→146ページ）の取得などで、すでに個人情報の取り扱いに関する基本方針を決めている場合には、その基本方針を改正する方法でも構いません。この基本方針を公表するか否かも事業者の任意となります。

　基本方針を作成する際には、次ページの「特定個人情報等の適正な取扱いに関する基本方針（ひな型）」を、是非、参考にしてください。

特定個人情報等の適正な取扱いに関する基本方針（ひな型）

　〇〇〇株式会社（以下「当社」といいます。）は、個人番号及び特定個人情報（以下「特定個人情報等」といいます。）の適正な取扱いの確保について組織として取り組むために、お客様、取引先及び従業員等の特定個人情報等の保護を重要事項として位置付け、「特定個人情報等の適正な取扱いに関する基本方針」を以下のとおり定め、代表者、従業員、その他の従業者に周知し、徹底を図ります。

１．特定個人情報等の適切な取扱い
　当社のお客様、取引先及び従業員等の特定個人情報等を取得、保管、利用、提供又は廃棄するに当たって、当社が定めた取扱規程に従い適切に取り扱います。

２．安全管理措置に関する事項
（１）当社は、特定個人情報等の漏えい、滅失又は毀損の防止等、特定個人情報等の管理のために取扱規程を定め、必要かつ適切な安全管理措置を講じます。また、従業者に特定個人情報等を取り扱わせるに当たっては、特定個人情報等の安全管理措置が適切に講じられるよう、当該従業者に対する必要かつ適切な監督を行ないます。
（２）特定個人情報等の取扱いについて、お客様、取引先及び従業員等の許諾を得て第三者に委託する場合には、十分な特定個人情報保護の水準を備える者を選定するとともに、契約等により安全管理措置を講じるよう定めた上で、委託先に対する必要かつ適切な監督を行ないます。

３．関係法令、ガイドライン等の遵守
　当社は、特定個人情報等に関する法令（※）、特定個人情報保護委員会が策定したガイドラインその他の規範を遵守し、全従業者が特定個人情報等の保護の重要性を理解し、適正な取扱い方法を実施します。

４．継続的改善
　当社は、特定個人情報等の保護が適正に実施されるよう、本基本方針及び社内規程類を継続して改善します。

５．お問合せ
　当社は、特定個人情報等の取扱いに関するお問合せに対し、適切に対応いたします。

平成〇〇年〇月〇日
〇〇〇株式会社
代表取締役　〇〇〇

〇〇〇株式会社特定個人情報等の適正な取扱いに関する基本方針に関するお問合せ先
事務所所在地
電話番号
メールアドレス

（※）個人情報の取扱い件数が5,000を超える大規模事務所においては、『3．』1行目の「特定個人情報等に関する法令」の前に「個人情報及び」を挿入すること。
「税理士のためのマイナンバー対応ガイドブック」（日本税理士連合会）を一部改変

05 マイナンバーを安全に管理するためには？⑤

安全に取り扱うためのルール（取扱規程等）を決める

　事業者は、マイナンバーや「特定個人情報」を安全に取り扱うためのルール（取扱規程等）を作成することが急務です。マイナンバーや特定個人情報を取り扱う事務の流れを整理し、具体的な取り扱いを定めます。

　例えば、以下のような段階ごとにマイナンバーや特定個人情報を「誰が」「どのように」取り扱うかを検討し、取扱規程等を決めるのです。

① 「取得」する段階
② 「利用」する段階
③ 「保存」する段階
④ 「提供」する段階
⑤ 「廃棄・削除」する段階

　取扱規程等を作成する場合も、プライバシーマークの取得などで、すでに個人情報の保護に関する取扱規程等があれば、それに追記する形でも構いません。

【中小規模事業者の対応】
　中小規模事業者については、事務で取り扱うマイナンバーや特定個人情報が少なく、取り扱う従業者なども「限定的である」と考えられるので、事業者の負担が軽くなるように〝特例的な方法〟も認められています。

新たに取扱規程等を作成するのではなく、日頃使用している業務マニュアルや業務フロー図、チェックリストなどに、マイナンバーや特定個人情報の取り扱いを加えます。仮に担当者が変更になった場合には責任ある立場の者が確実な引継ぎを確認していれば問題ありません。

　なお、中小規模事業者とは、原則として、従業者の数が100人以下の事業者を指します。ただし、税理士や社会保険労務士など、マイナンバーを取り扱うことを委託されている事業者は除きます。

取扱規程を定める

ルール（取扱規程等）として、各段階ごとに責任者や取扱方法を定めていく

ただし、中小規模事業者であれば、**取扱規程として作成しなくともOK!!**

取扱規程

○マイナンバーや特定個人情報の**取得**
　誰がどのように取得するか

○マイナンバーや特定個人情報の**利用**
　誰がどのように利用するか

○マイナンバーや特定個人情報の**保存**
　誰がどのように保存するか

○マイナンバーや特定個人情報の**提供**
　誰がどのように提供するか

○マイナンバーや特定個人情報の**廃棄・削除**
　誰がどのように廃棄・削除するか

Point! 中小規模事業者では、マイナンバーの取り扱いについての業務マニュアル、業務フロー図、チェックリストなどを作成し、徹底管理をしていく

安全管理を徹底する①

マイナンバーを組織的に管理する
(組織的安全管理措置)

　事業者は、①組織的安全管理措置（組織的に管理する）、②人的安全管理措置（人的に管理する）、③物理的安全管理措置（物理的に管理する）、④技術的安全管理措置（技術的に管理する）の4つの安全管理対策（措置）を講じる必要があります。

　それでは、①組織的安全管理措置に関する取り扱いの具体例を説明していきましょう。

◎**組織体制を整備する**

　最初にすべきは、事務における責任者を決めることです。そのあとに事務を行なう担当者を決めて、担当者の役割と取り扱うマイナンバーや「特定個人情報」の範囲を明らかにします。

　そして、もし担当者が取扱規程等に違反したり、情報漏えいなどがあったりした場合に責任者へ報告するための仕組みを整えます。複数の部署で取り扱う場合における各部署の任務も明確にしましょう。

【中小規模事業者の対応】

　中小規模事業者でも、責任者と担当者を区別することで「組織的に管理することが望ましい」とされています。

　ただし、責任者と担当者を区別できず、結果的には、組織的な体制を整えることができない状況でも〝容認〟されています。

◎**取扱規程等に基づく運用状況を記録する**

取扱規程等に基づく運用状況を確認するため、システムログや利用実績を記録する必要があります。

例えば、マイナンバーや特定個人情報に関して、以下のような行為を記録することが挙げられます。

➡**ファイルの利用や出力の記録**
➡**書類や媒体等の持ち出しの記録**
➡**ファイルの廃棄や削除の記録**
➡**情報システムのログインやアクセスログなどの記録**

【中小規模事業者の対応】

中小規模事業者の実務担当者は、取扱状況がわかる記録を保存することが求められます。管理簿や業務日誌などにマイナンバーや特定個人情報の入手や廃棄、本人への交付などを記載したり、事務を行なう際に利用したチェックリストを保存したりするなどです。

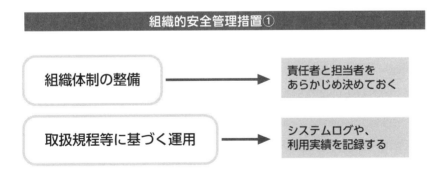

組織的安全管理措置①

組織体制の整備 → 責任者と担当者をあらかじめ決めておく

取扱規程等に基づく運用 → システムログや、利用実績を記録する

◎取扱状況を確認する手段を整備する

　マイナンバーや特定個人情報を記録したファイルの取扱状況を確認するための手段を整備する必要があります。

　例えば、管理簿を作成し、「ファイルの種類」「名称」「責任者」「取扱部署」「利用目的」「作成日」「廃棄日」「廃棄や削除の状況」「アクセス権を有する者」などを記録します。

　なお、取扱状況を確認するための記録などには、マイナンバーや特定個人情報は記載しないようにしてください。

【中小規模事業者の対応】
　中小規模事業者の実務担当者には、前述しました取扱規程等に基づく運用状況を確認する場合と同様に、取扱状況がきちんとわかるように記録を保存することが求められています。

◎情報漏えいなどに対応する体制を整備する

　情報漏えいなどがあったり、その兆候を把握したりした場合に、適切に、且つスムーズに対応する仕組みを整える必要があります。

　また、情報漏えいに伴う二次被害の防止などの観点から、再発防止策を早急に公表することが重要です。

　例えば、以下のような対応を行なうことを定めておきます。

➡事実関係の調査及び原因の究明
➡影響を受ける可能性のある本人への連絡
➡特定個人情報保護委員会及び主務大臣などへの報告
➡再発防止策の検討及び決定
➡事実関係及び再発防止策などの公表

【中小規模事業者の対応】

中小規模事業者の実務担当者は、情報漏えいなどがあった場合に備え、従業者から責任者へ報告する仕組みを確認しておくことが肝要です。

◎**取扱状況を把握し、組織的な安全管理措置を見直す**

事業者は、マイナンバーや特定個人情報の取扱状況を定期的に確認する必要があります。また、整備した対策を定期的に見直して、必要があれば改善しなければなりません。

【中小規模事業者の対応】

中小規模事業者では、責任ある立場の者が定期的な点検を実施する必要があります。

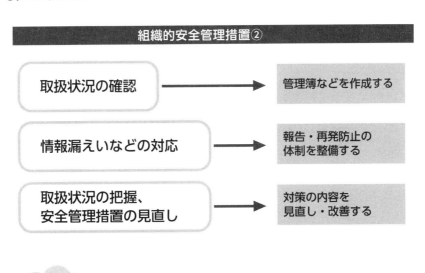

Point! 組織的に管理し、情報漏えいを防いでいくことが重要!!

安全管理を徹底する②

マイナンバーを人的に管理する
（人的安全管理措置）

　前述しました4つの安全管理対策（措置）のうち、今度は②人的安全管理措置について、取り扱いの具体例を説明していきましょう。
　事業者は、以下のように人的な対策を講じる必要があります。

◎**事務を行なう担当者を〝教育〟する**
　事業者は、マイナンバーや「特定個人情報」を安全に管理するため、マイナンバーの事務を行なう担当者に対し、適切な教育を実施することが求められます。定期的にマイナンバーの取り扱いの留意事項や、新たな制度などに関する研修を行なうことで、担当者の理解が深まります。

◎**事務を行なう担当者を〝監督〟する**
　事業者は、マイナンバーの事務を行なう担当者に対し、適切な監督を行なうことが必要です。
　マイナンバーや特定個人情報についての〝秘密保持〟に関する事項を就業規則や雇用契約書などに盛り込むことが考えられます。

【**中小規模事業者の対応**】
　中小規模事業者も、マイナンバーの事務を行なう実務担当者に対し、適切な教育や監督が求められます。教育や監督の一環として、定期的に外部の専門家による研修等を活用するのも有効です。

人的安全管理措置

定期的な研修
マイナンバーの取り扱いの留意事項や、新たな制度などについて、定期的なカリキュラムをつくるなど、常に教育をすることが重要!!

秘密保持
マイナンバーや「特定個人情報」についての秘密保持に関する事項を就業規則や雇用契約書に盛り込むことなどで監督できる体制を構築する

教育 　　　監督

→ 取扱担当者

Point! 中小規模事業者においても、マイナンバーを取り扱う担当者に対して適切な教育・監督を行なう必要がある

08 安全管理を徹底する③

マイナンバーを物理的に管理する（物理的安全管理措置）

　4つの安全管理対策（措置）のうち、③物理的安全管理措置について、その取り扱いの具体例を説明していきましょう。

　事業者は、マイナンバーや「特定個人情報」を安全に管理するため、以下の①〜④のように物理的な対策を講じる必要があります。

①取扱区域を管理する

　事業者は、情報漏えいなどを防止するために、マイナンバーや特定個人情報を含むファイルを扱う情報システム、機器などを管理する領域（管理区域）及び担当者が事務を行なう領域（取扱区域）を明確にし、できるだけ隔離するなど、物理的な安全管理措置を講じなければなりません。

　管理区域として、一定の区域を区分できる場合には、ＩＣカードやナンバーキーなどにより、入退室を徹底管理し、持ち込む機器などを制限することも肝要です。

　また、取扱区域は間仕切りを設けたり、座席配置を工夫したりするなど、担当者以外からできる限り遠ざけるなどの措置を講じてください。

②機器や電子媒体の盗難などを防止する

　事業者は、マイナンバーや特定個人情報を扱う機器や電子媒体・書類などを施錠可能なキャビネットに保管し、マイナンバーや特定個人情報を取り扱うパソコンをセキュリティワイヤーで固定するなど、盗難や紛

失を防止するための措置を実施する必要があります。

③電子媒体などを持ち出す場合の情報漏えいを防止する

　事業者は、マイナンバーや特定個人情報が記録された電子媒体・書類などを持ち出す場合には、マイナンバーが容易に判明できない工夫をしたり、追跡可能な〝移送手段〟を利用したりするなど、情報漏えいを防止するための安全な方策を講じなければなりません。

　電子媒体を持ち出す場合は、データの暗号化やパスワードによる保護、施錠できる搬送容器の使用などが考えられます。

　書類であれば、封をとじたり、目隠しシールを貼付したりすることなどが考えられます。輸送するのであれば、簡易書留などの追跡が可能な方法を選択するのがよいでしょう。

　また、持ち出しは、管理区域や取扱区域からの外へ移動することを指しますので、たとえ社内であっても同様に留意してください。

【中小規模事業者の対応】

　中小規模事業者も、電子媒体・書類などを持ち出す場合には、パスワードを設定したり、封筒に封入しカバンに入れて搬送したりするなど、マイナンバーの紛失や盗難防止のための対策を講じる必要があります。

④マイナンバーの削除、機器や電子媒体などの廃棄

　事業者は、マイナンバーや特定個人情報に関する事務を行なう必要がなくなった場合で、法令に定められた保存期間を経過したときは、マイナンバーをできるだけ速やかに復元できない方法で廃棄または削除しなければなりません。

その際には、廃棄または削除した記録を保存しておくことも重要です。

外部に委託した場合には、委託先が確実に廃棄または削除したことを証明書などで確認する必要があります。

書類などを廃棄する場合には、焼却または溶解などの復元不可能な方法を採用します。復元不可能な状態に裁断することが可能であれば、シュレッダーで裁断することでも構いません。

また、書類に記載されたマイナンバーのみを削除するような場合には、その部分を復元できない程度にマスキングするか、切り取る必要があります。マイナンバーや特定個人情報が記録されたパソコンやCD-ROMなどの機器や電子媒体等であれば、専用のソフトウエアで削除したり、専門業者に依頼して物理的に破壊したりする方法を採用してください。

マイナンバーや特定個人情報を取り扱う情報システムを利用する場合には、保存期間経過後にマイナンバーの削除を前提とした情報システムを利用することが、現実的です。

マイナンバーが記載された書類などについては、保存期間経過後に廃棄または削除を前提とした手続きを定めておきましょう。

【中小規模事業者の対応】

中小規模事業者は、マイナンバーや特定個人情報を廃棄または削除したことを「責任ある立場の者」が確認していれば問題ありません。

物理的安全管理措置

① マイナンバーや「特定個人情報」の取扱区域の管理

● 情報システムを管理する領域（管理区域）
・入退室管理（ICカードなどの入退室管理システム）
・持ち込む機器などの制限

● 事務を行なう領域（取扱区域）
・壁または間仕切りなどの設置
・座席配置の工夫（覗き込みなどの防止）

② 機器や電子媒体の盗難などの防止

・機器、電子媒体、書類等を施錠できるキャビネットや書庫などに保管
・機器の固定などの措置

③ 電子媒体等を持ち出す場合の情報漏えいの防止

● マイナンバーや特定個人情報が記録されている電子媒体や書類等を持ち出す場合の安全対策（事業者内の移動含む）
・データの暗号化、パスワード保護など
・封かんや目隠しシールの貼り付け
・追跡可能な移送手段の利用

④ マイナンバーの削除、機器や電子媒体等の廃棄

● 事務等で不要となり、所定の保存期間を経過したマイナンバーは、できるだけ速やかに復元できない方法で廃棄または削除を行なう

Point! 物理的な対策を講じて、情報漏えいを未然に防ぐ!!

09 安全管理を徹底する④

マイナンバーを技術的に管理する（技術的安全管理措置）

　安全管理対策（措置）の最後は、④技術的安全管理措置に関してです。それでは、その取り扱いの具体例を説明していきましょう。

◎アクセスを制御する

　事業者は、情報システムを使用してマイナンバーや「特定個人情報」を取り扱う事務をする場合には、適切な〝アクセス制御〟を行なわなければなりません。

　アクセス制御の方法としては、マイナンバーと紐付けてアクセスできる情報を限定、特定個人情報ファイルを取り扱う情報システムを限定、ユーザーIDにアクセス権限を付与することによって情報システムを使用できる担当者を限定するなどが挙げられます。

【中小規模事業者の対応】

　中小規模事業者は、マイナンバーや特定個人情報を扱うパソコンなどの機器を特定し、その機器に標準装備されているユーザーアカウント制御機能を使用して、機器を扱う担当者を限定することが望まれます。

◎アクセス者を識別し認証する

　マイナンバーや特定個人情報を取り扱う情報システムは、ユーザーID、パスワード、磁気・ICカード、生体情報などにより、正当なアクセ

ス権限を持つ者と識別したうえで、認証する機能が必要です。

【中小規模事業者の対応】

アクセス制御と同様、マイナンバーや特定個人情報を扱う機器を特定し、その機器に標準装備されているユーザーアカウント制御機能を使用して、機器を扱う担当者を限定することが望まれます。

◎外部からの不正アクセスなどを防止する

事業者は、外部からの不正アクセスや不正ソフトウエアから情報システムを保護する仕組みを導入し、適切に運用しなければなりません。

具体的な方法としては、ファイアウォールを設置する、ウイルス対策ソフトウエアをインストールする、プログラムの自動更新機能を活用する、ログを分析し不正アクセスを検知するなどが挙げられます。

◎情報漏えいを防止する

事業者は、マイナンバーや特定個人情報をインターネットなどによって外部に送信する場合、通信経路における情報漏えいを防止するための措置を講じる必要があります。

防御策としては、通信経路の暗号化や、データの暗号化またはパスワードで保護することなどが考えられます。

10 マイナンバーの保管期間は？

所管法令に基づき書類ごとに保管できる期間は異なる

　事業者は、マイナンバーを取り扱う事務を行なう必要がある場合に限り、マイナンバーを保管し続けることができます。マイナンバーが記載された書類等であれば、所管法令によって義務付けられている保存期間は保管することになります。雇用契約などの継続的な契約関係があれば、従業員のマイナンバーを「給与の源泉徴収事務などに継続的に利用する必要がある」と認められるので、継続的な保管が可能です。

　ただし、事業者が従業員の営業成績を管理するなど、本来の「利用目的」を〝逸脱〟して、従業員のマイナンバーを保管することはできません。

◎**主な書類の保存期間**

「給与所得者の扶養控除等(異動)申告書」
　→提出期限(その年の最初に給与の支払いを受ける日の前日)の翌年1月10日の翌日から7年間

「給与所得者の保険料控除申告書兼給与所得者の配偶者特別控除申告書」
　→提出期限(その年最後に給与などの支払いを受ける日の前日)の翌年1月10日の翌日から7年間

「雇用保険被保険者資格取得届」→退職日から4年

「健康保険・厚生年金保険被保険者資格取得届」→退職日から2年

「健康保険・厚生年金保険被保険者報酬月額算定基礎届」
　→退職日から2年

マイナンバーの保管

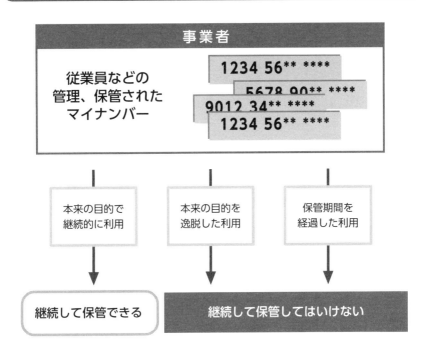

> Point!
>
> 「保管制限」を理解したうえで、廃棄または削除を前提とした「保管体制」「システム構築」をすることが急務!!
>
> - 「特定個人情報」は、番号法で限定的に明記された事務を行なう必要がある場合に限り、保管し続けることができる
> - マイナンバーが記載された書類などのうち、所管法令によって一定期間保存が義務付けられているものは、その期間保管する
> - マイナンバー部分を復元できない程度にマスキングまたは削除したうえで、そのほかの情報の保管を継続することは可能

11 マイナンバーの管理に便利なシステムとは？

クラウドサービスでマイナンバーを管理する方法がある

　最近は、クラウドサービスでマイナンバーの収集や管理、廃棄をサポートしてくれるクラウドシステムが出てきました。

　クラウドとは、「クラウドコンピューティング」の略で、データを自分のパソコンや携帯電話ではなく、インターネット上に保存する使い方やサービスのことです。月額千円以下から数千円で利用できますので、導入を検討することをお勧めします。以下は、主な特徴です。

◎スマートフォンやパソコンで収集

　例えば、従業員の情報を登録することで、システムからその従業員にメールでマイナンバーの収集依頼が行なえます。従業員が指定されたアドレスにアクセスすると「利用目的」が通知され、マイナンバー、「通知カード」や本人確認書類をシステム上に保存することができます。書面でのやり取りがないため、事業者のパソコンにはデータが残りません。

◎クラウドで管理

　マイナンバーは、システムを提供するクラウド事業者が管理するデータセンターに〝暗号化〟されて保存されます。システムには、権限の管理機能や利用履歴の管理機能も設けられていますので、情報漏えいや紛失、不正利用のリスクも軽減できるのがメリットです。

　ただし、マイナンバーや「特定個人情報」をクラウドで管理すること

になるので、業者を選定する際には、安心できるセキュリティを提供していることが重要なポイントになります。

◎**適時に廃棄**

システムで廃棄時期を管理しているので、法定保存期間を気にする必要がありません。

◎**ほかのシステムとの連携**

給与システムや社会保険システムと連携することができれば、ほかのシステムにマイナンバーを保存することなく、必要な書類を作成することが可能です。クラウドシステムを導入すると、マイナンバーや特定個人情報を管理する場所を限定でき、人為的なミスも極力抑えることができるでしょう。多少の経費でリスクを軽減でき、時間と労力をほかに費やすことができるため、「導入を検討する価値はある」といえます。

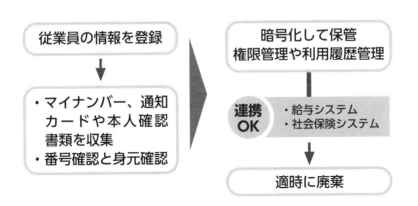

クラウド型のマイナンバーシステム

12 マイナンバーの取得に便利なアイテムやサービスとは？

マイナンバー「取得・保管セット」や「収集代行サービス」を利用する

そのほかにも、マイナンバーの取得や収集、管理、廃棄に便利なアイテムやサービスがあります。一部を簡潔に紹介しておきましょう。

◎**マイナンバー取得・保管セット**

小規模事業者向けに、マイナンバーの「取得・保管セット」が販売されています。こうしたセットには、①個人番号報告書、②「利用目的」の通知書、③収集用の封筒、④本人確認書類ごとに保管できる封筒、⑤専用バインダーが含まれます。取得から廃棄までの一連の作業を安全に行なえるように工夫されているので、紙ベースでのマイナンバーの取得、保管、廃棄までの対策が容易になります。

◎**マイナンバー収集代行サービス**

事業者に代わって代行業者がマイナンバーの収集を行ないます。

一般的には、①代行業者が事業者の従業員に対してマイナンバー収集の案内状を発送する、②従業員がマイナンバー申告書にマイナンバーなどを記入し、本人確認書類の写しとともに代行業者に返送する、③代行業者が書類を元に従業員の本人確認をする、④代行業者が事業者に従業員のマイナンバーを連絡する、といった流れになります。

マイナンバーを収集する際には、代行業者が十分な安全管理措置を講じたうえで、必要書面の作成から〝回収〟までを行なってくれます。

マイナンバー取得・収集の便利アイテム & サービス

マイナンバー「取得・保管セット」

セット内容(例)
①個人番号報告書、②「利用目的」の通知書、③収集用の封筒、
④本人確認書類ごとに保管できる封筒、⑤専用バインダー
※費用は10人用で4,000円程度

STEP 1 ①/②/③を従業員に配布する

STEP 2 従業員は①にマイナンバーを記入し、
①と本人確認書類の写しを③に同封して、事業者に提出する

STEP 3 事業者は提出された書類一式をチェックした後、
④に入れて、⑤に保管する

マイナンバー「収集代行サービス」

代行業者を介して、従業員などのマイナンバーを取得する
※費用は1人あたり数千円程度

依頼から取得までの流れ

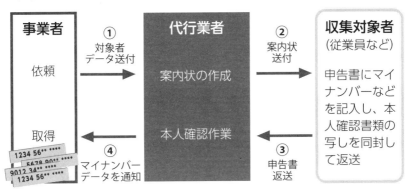

13 小規模事業者の マイナンバー対応は？①

個人事業者や社長のみの法人で「従業員がいない」場合

　事業者は、その規模に関係なくマイナンバー制度に対応する必要があります。しかし、個人事業者や社長のみの法人で従業員がいないという、事業者が1人のみの場合は、取り扱うマイナンバーも限られてくるため、できるだけ手軽に対応したいものです。ここでは、事業者が1人のみの場合における、マイナンバーの現実的な対応策を簡潔に紹介します。

◎取得が予想されるマイナンバー

　個人事業者や社長本人のマイナンバーのほかには、報酬を支払う個人の外注先や、家賃を支払う不動産の貸主のマイナンバーが挙げられます。

◎「利用目的」の通知と取得

　個人事業者や社長本人の場合には、改めて利用目的の通知や本人確認を行なう必要はありません。個人番号報告書（→81ページ）などの書類に、本人のマイナンバーを記入しておけばよいでしょう。

　法人の場合は、毎年末に社長本人のマイナンバーを記載した給与所得者の扶養控除等申告書や給与所得者の保険料控除申告書兼給与所得者の配偶者特別控除申告書を取得することになります。

　外注先や不動産の貸主に対しては、「支払調書を作成するため」と連絡し、本人確認のうえ、個人番号報告書などの書類を提出してもらう必要があります。

◎利用・提供

　個人事業者の場合は、所得税の確定申告書、税務関連の届出書や外注先・不動産の貸主の支払調書にマイナンバーを記載して役所に提出します。

　法人の場合は、社長本人の源泉徴収票・給与支払報告書や、外注先・不動産の貸主の支払調書にマイナンバーを記載して役所に提出します。

　主に税分野で利用し、社会保障分野や災害対策分野での利用はほとんどないでしょう。

◎保管・廃棄

　取り扱うマイナンバーは非常に限られていますので、紙の書類で通帳や実印と同様に管理すれば簡単かと思います。マイナンバーを安全に管理するための措置については、次のように考えます。

　基本となる方針（基本方針）についての作成・公表は任意ですので、現状の規模であれば、あえて作成する必要はないでしょう。

　取り扱うためのルール（取扱規程等）についても、中小規模事業者なので個人事業者や社長本人が取得、利用、提供、保管、廃棄の段階でどのように扱うか決めておけば十分です。

　元々が1人ですので、組織的な体制を整備する必要もありませんし、人的な教育・監督も不要です。通帳や実印と同様に管理し、盗難などに注意すれば物理的にも問題ありません。

　紙の書類であれば、技術的な管理もほとんど不要です。取扱状況がきちんとわかる記録を保存し、不要なマイナンバーを廃棄することに留意すれば十分でしょう。

　また、紙の書類ではなく、電子的に管理したいのであれば、安全管理措置を講じやすいクラウドサービスの利用を検討しましょう。

14 小規模事業者の マイナンバー対応は？②

個人事業者や法人で「従業員が数名」の場合

　ここでは従業員が数名の小規模な事業者の場合について、マイナンバーの現実的な対応策を簡潔に紹介しましょう。

◎取得が予想されるマイナンバー

　個人事業者や社長本人と従業員のマイナンバーのほかには、報酬を支払う個人の外注先や、家賃を支払う不動産の貸主のマイナンバーが挙げられます。

◎利用目的の通知と取得

　個人事業者や社長本人の場合には、改めて利用目的の通知や本人確認を行なう必要はありません。個人番号報告書（→81ページ）などの書類に、本人のマイナンバーを記入しておけばよいでしょう。

　従業員に対しては、「源泉徴収票の作成、健康保険・厚生年金保険の届出や雇用保険の届出に利用するため」と通知し、本人確認のうえ、個人番号報告書などの書類を提出してもらいます。

　法人の場合、毎年末に社長本人と従業員のマイナンバーを記載した給与所得者の扶養控除等申告書や給与所得者の保険料控除申告書兼給与所得者の配偶者特別控除申告書を取得することになります。

　外注先や不動産の貸主には、「支払調書を作成するため」と連絡し、本人確認のうえ、個人番号報告書などを提出してもらうことが必要です。

◎利用・提供

　個人事業者の場合は、所得税の確定申告書や税務関連の届出書、従業員の源泉徴収票、給与支払報告書、外注先・不動産の貸主の支払調書にマイナンバーを記載して役所に提出します。また、従業員の入社（退社）の際には、健康保険・厚生年金保険被保険者資格取得（喪失）届や雇用保険被保険者資格（喪失）届にマイナンバーを記載して役場に提出します。

　法人の場合は、上記のほか（所得税の確定申告書や税務関連の届出書は除く）、社長本人の源泉徴収票、給与支払報告書にマイナンバーを記載して役場に提出します。主に社会保障分野と税分野で利用します。

◎保管・廃棄

　取り扱うマイナンバーは非常に限られていますので、紙の書類で通帳や実印と同様に管理すれば簡単かと思います。マイナンバーを安全に管理するための措置については、次のように考えます。

　現状の規模であれば、基本となる方針（基本方針）は作成せずに、取り扱うためのルール（取扱規程等）についても、中小規模事業者なので個人事業者や社長本人が取得、利用、提供、保管、廃棄の段階でどのように扱うか決めておけば十分です。

　個人事業者や社長本人のみでマイナンバーを取り扱うことにすれば、組織的な体制も人的な教育・監督も不要となります。通帳や実印と同様に管理し、盗難などに注意すれば物理的にも問題ありません。紙の書類であれば技術的な管理もほとんど不要ですから、取扱状況がわかる記録を保存し、不要なマイナンバーを廃棄することに留意すれば十分です。

　また、紙の書類ではなく、電子的に管理したいのであれば、安全管理措置を講じやすいクラウドサービスの利用を検討しましょう。

15 プライバシーマーク制度との関係は？

現状の仕組みの改善によってマイナンバーに対応できる

　プライバシーマーク制度は、日本工業規格であるJISQ15001（個人情報保護マネジメントシステム－要求事項）に適合して、個人情報について適切な保護措置を行なっている事業者を認定し、その事業者にプライバシーマーク（Pマークという）の使用を認める制度です。

　Pマークを付与された事業者であれば、すでに個人情報を適切に保護する仕組みを整備・実践し、その改善も行なっています。そのため、個人情報であるマイナンバーや「特定個人情報」の取り扱いについても、あまりハードルは高くないと思われます。ここでは、マイナンバーや特定個人情報を安全に管理するために追加で必要となる対応を挙げます。

◎**マイナンバーや特定個人情報の特定**

　個人情報としてマイナンバーや特定個人情報がその対象に加わります。どのようなマイナンバーや特定個人情報を扱うことになるかを特定して、リスクの認識やその対策を講じましょう。

◎**個人情報の取り扱いに関する法令や指針の追加**

　個人情報を取り扱う際に参照すべき法令や指針に番号法（行政手続における特定の個人を識別するための番号の利用等に関する法律）とガイドライン（特定個人情報の適正な取扱いに関するガイドライン）を加えましょう。

◎**担当者の決定**

マイナンバーや特定個人情報を取り扱う担当者を決めて、その役割、責任や権限を明確にしましょう。

◎**利用や提供の制限**

マイナンバーを利用できる範囲や特定個人情報を作成できる範囲は限られています。本人の同意があってもこの範囲を超えて利用や作成はできません。また、番号法で規定されたケース以外はマイナンバーや特定個人情報の提供ができず、提供を受けるケースには本人確認が必要です。

◎**保管の制限と廃棄**

番号法で規定されたケース以外は、マイナンバーや特定個人情報を保管できません。所管法令によって義務付けられている保存期間を経過したときは、できるだけ速やかに削除または廃棄する必要があります。

◎**委託先の監督**

委託契約を結ぶ場合には、ガイドラインに具体的に示されている規定を盛り込む必要があります。マイナンバーや特定個人情報については、今までよりも厳しい取り扱いが要求されていますが、上記の点に留意して現状の仕組みを改善していけば問題ないでしょう。

Pマークの取得は、安全管理体制構築の〝証し〟となる

16 マイナンバー業務を外部に委託する場合は？

「必要、且つ適切に」委託先を監督しなければならない

源泉徴収事務や社会保険関係事務を税理士、社会保険労務士などの外部に〝委託〟している事業者も少なくありません。マイナンバー制度開始後、引き続き同様の業務を委託する場合や、新たに外部へ委託する際は、委託先に対し、以下のような監督義務が生じます。

◎委託先における安全管理措置

委託者である事業者は、委託先において事業者自らが果たすべき安全管理措置と同等の措置が講じられるように、①委託先の適切な選定、②安全管理措置に関する委託契約の締結、③委託先におけるマイナンバーや「特定個人情報」の取扱状況の把握、といった3つの対応を行ない、委託先を必要、且つ適切に監督しなければなりません。

①委託先の適切な選定

委託先の選定に際し、事業者（委託者）自らが果たすべき安全管理措置と同等に「マイナンバーや特定個人情報を扱えるか」を確認することも重要です。具体的には、委託先の設備、技術水準、従業者に対する監督・教育の状況や、委託先の経営環境などが挙げられます。

②安全管理措置に関する委託契約の締結

事業者が何らかの業務を委託する際には、委託先と契約書を取り交わ

します。その契約書に以下のような内容を盛り込むか、別途「覚書」を交わす必要があります。

⇒**秘密保持義務**
⇒**事務所内からの特定個人情報の持ち出しの禁止**
⇒**特定個人情報の目的外利用の禁止**
⇒**再委託における条件**
⇒**漏えい事案などが発生した場合の委託先の責任**
⇒**委託契約終了後の特定個人情報の返却または廃棄**
⇒**従業者に対する監督・教育**
⇒**契約内容の遵守状況について報告を求める規定**

「特定個人情報等の取扱いに関する覚書（ひな型）」をサンプルとして次ページに掲載しました。こちらは別途「覚書」を交わす形式ですが、この内容を業務委託する際の契約書に盛り込んでも構いません。

③委託先におけるマイナンバーや特定個人情報の取扱状況の把握

委託先におけるマイナンバーや特定個人情報を取り扱う従業者の明確化や、実地の調査を行なうことができる規定等も契約書や「覚書」に盛り込むことが望ましいです。

なお、委託先は事業者の承諾を得た場合に限り、再委託を行なうことができます。再委託を受けた者が、さらに再委託をする場合も事業者の承諾を得る必要があります。A社（事業者）→B社（委託先）→C社（再委託先）→D社（再々委託先）と順番に委託される場合、B社がC社、C社がD社に委託するには、A社の許諾が必須となるわけです。

この場合、A社はB社だけでなく、C社やD社も間接的に監督する義務が生じます。

特定個人情報等の取扱いに関する覚書（ひな型）

　○○○（以下「甲」という。）と、＊＊＊（以下「乙」という。）とは、甲が乙に■■■業務（以下「本件業務」という）を委託するに当たり、甲から乙に開示又は提供する特定個人情報等の取扱いに関して、以下のとおり覚書を締結する。

（定義）
第1条　個人情報とは、甲から乙に開示又は提供される個人に関する情報であって、当該情報に含まれる氏名、住所、生年月日その他の記述又は画像もしくは音声により当該個人を識別できるもの（他の情報と容易に照合することによって当該個人を識別することができるものを含む）をいい、その開示又は提供媒体を問わない。
　2.　個人番号とは、住民票コードを変換して得られる番号であって、当該住民票コードが記載された住民票に係る者を識別するために指定されるもの（個人番号に対応し、当該個人番号に代わって用いられる番号、記号その他の符号であって、住民票コード以外のものを含む。以下同じ。）をいう。
　3.　特定個人情報とは、個人番号をその内容に含む個人情報をいう。

（特定個人情報等の適切な取扱い）
第2条　乙は、特定個人情報等を甲の機密事項としてその保護に努め、これを適法かつ適切に管理・取り扱うものとする。

（利用目的）
第3条　乙は、特定個人情報等を、本件業務の遂行のためにのみ利用するものとし、番号法により例外的取扱いができる場合を除き、その他の目的には利用しないものとする。

（第三者への非開示等）
第4条　乙は、特定個人情報等を、両当事者以外の第三者に開示又は漏えいしないものとする。
　2.　乙は、特定個人情報等の紛失、破壊、改ざん、漏えい等の危険に対して、合理的な安全管理措置を講じるものとする。

（特定個人情報等の持出し）
第5条　乙は、特定個人情報等の記録された磁気媒体等又は書類等を持ち出す場合は、安全管理措置を講じるものとする。
　2.　乙は、特定個人情報等の記録された磁気媒体等又は書類等を持ち帰る場合についても、前項に準じた安全管理措置を講じるものとする。

（従業者に対する監督・教育）
第6条　乙は、従業者が特定個人情報等を取り扱うにあたり、必要かつ適切な監督を行なうものとする。
　2.　乙は、従業者に対し、特定個人情報等の適正な取扱いを周知徹底するとともに適切な教育を行なうものとする。

(再委託)
第7条 乙は、本件業務に関する特定個人情報等の取扱いを、甲の許諾を得た場合に限り第三者に再委託できるものとする。
2. 乙は、甲の許諾を得て第三者に本件業務に関する特定個人情報等の取扱いを再委託する場合においても、当該第三者に対し本覚書と同様の義務を課すものとし、当該第三者の行為につき、甲に対し当該第三者と連帯して責めを負うものとする。

(管理状況の報告・調査)
第8条 乙は、本件業務に関する特定個人情報等の管理状況について甲の求めに応じ報告しなければならない。
2. 甲は、本件業務に関する特定個人情報等の管理状況を調査することができる。

(事故発生時の措置)
第9条 乙は、万が一特定個人情報等の紛失、破壊、改ざん、漏えい等の事故が発生した場合には、直ちに甲に通知するとともに、当該事故による損害を最小限にとどめるために必要な措置を、自らの責任と負担で講じるものとする。
2. 前項の場合には、乙は、発生した事故の再発を防ぐため、その防止策を検討し、甲と協議の上決定した防止策を、自らの責任と負担で講じるものとする。
3. 万が一、乙において特定個人情報等の紛失、破壊、改ざん、漏えい等の事故が発生し、甲が第三者より請求を受け、また第三者との間で紛争が生じた場合には、乙は甲の指示に基づき、自らの責任と負担でこれに対処するものとする。この場合、甲が損害を被った場合には、甲は乙に対して当該損害の賠償を請求できるものとする。

(特定個人情報等の返還)
第10条 乙は、甲からの本件業務の委託が終了したときは、速やかに甲から提供された特定個人情報等及びその複製物を返還するとともに、磁気媒体に記録した特定個人情報等がある場合には、これを完全に削除し、以後特定個人情報等を保有しないものとする。

上記合意の証として本書2通を作成し、甲乙記名捺印の上、各1通を保有する。

　　　　　　　　　　　　　平成　年　月　日　　　甲

　　　　　　　　　　　　　　　　　　　　　　　　乙

3. マイナンバー制度の「マイナポータル」とは？

　マイナポータルとは、自宅のパソコンから自分のマイナンバーや「特定個人情報」を、「いつ」「どの行政機関が」「どことやり取りしたのか」を確認したり、行政機関が保有する自分のマイナンバーや特定個人情報を確認することができるシステムです。法律では「情報提供等記録開示システム」という語句が使用されていますが、より親しみやすいようにマイナンバーの広報用ロゴマークのキャラクター「マイナちゃん」の名前にちなんで「マイナポータル」としたようです。

　マイナポータルでは、このほかに行政機関から自分に対してのお知らせを受け取ったり、引越しなどの申請手続きを一括で行なったり、税金や社会保険料の決済サービスも検討されています。

　マイナポータルは、平成29年1月から利用できる予定ですが、〝他人のなりすまし〟による情報漏えいを防ぐために、利用するにあたっては「個人番号カード」と「ICカードリーダ」が必要です。パソコンのほか、タブレットやスマートフォンからも利用できるように検討されていますが……まだまだ敷居の高いシステムであるのが実情のようです。

PART 4

マイナンバー制度 Q & A
～制度の概要から実務まで～

● ● ● ● ○

Key word

- マイナンバー制度
- マイナンバー(個人番号)
- 通知カード
- 個人番号カード
- マイナンバー導入
- マイナンバーの取得
- マイナンバーの利用制限
- マイナンバーの提供
- マイナンバーの記載が不要な書類
- マイナンバーの廃棄・削除
- マイナンバーの罰則
- 委託の取り扱い

マイナンバー制度について

Q. マイナンバーとは、どのようなものですか？

A. マイナンバー制度においては、住民票を有するすべての方に対して、1人1番号の「マイナンバー（個人番号）」を住所地の市区町村長が指定します。原則として、一度指定されたマイナンバーは生涯変わりません。

Q. なぜ、マイナンバーが必要なのですか？

A. マイナンバーは、行政の効率化や国民の利便性の向上、公平・公正な社会実現のために利用されます。行政の事務等でマイナンバーを利用し、手続きを正確、且つスムーズに行なうこと、社会保障や税関係の申請時に課税証明書等の添付書類が削減されること、さらに国民の所得状況を正確に把握することにより、課税の公平を行なうためにも必要となるのです。

Q. マイナンバーは、いつから使うのですか？

平成28年1月以降、社会保障、税、災害対策の3分野で行政機関などに提出する書類にマイナンバーを記載することが必要となります。例えば、所得税の確定申告の場合、平成29年2月から3月に行なう平成28年分の確定申告からマイナンバーを記載することになります。

Q. マイナンバーは、誰にでも提供していいものですか？

マイナンバーは、社会保障、税、災害対策の分野の手続きのために行政機関などに提供する場合を除き、むやみに他人に提供することはできません。マイナンバーを提供することができる具体的な提供先機関は、税務署・地方公共団体・勤務先・金融機関・年金事務所・健康保険組合・ハローワークなどが考えられます。

Q. マイナンバー制度が始まると、預貯金や財産まで把握されてしまうのですか？

平成27年9月に番号法の改正法が成立し、預貯金口座へのマイナンバー付番についても利用範囲が拡大されました。

ただし、その内容に関しては、口座保有者に義務を課すものではありません。金融機関の破たんなどの際に、自己資産の保全のため、預貯金額の合算などに利用できるようにしたり、税務調査や生活保護の資産調査などで利用できるようにしたものです。

Q. マイナンバーが導入されると添付書類が不要になるそうですが、住民票の写しや戸籍の添付がすべて不要になるのですか？

平成29年1月から国の行政機関など、平成29年7月から地方公共団体で情報連携が始まり、社会保障、税、災害対策の手続きで住民票の写しなどの添付が不要になります。

ただし、現時点では、それ以外の分野の行政手続きでは、住民票の写しなどの添付が必要です。また、戸籍もマイナンバーの利用範囲に入っていないため、従来どおり提出する必要があります。

マイナンバー（個人番号）について

Q. マイナンバーの番号は、どうやって決められているのですか？

A. 11ケタの住民票コードを元に、数字のみで構成される12ケタの番号がコンピュータで無作為に作成されます。そのため、家族でも連番になることはありませんし、マイナンバーから個人の「性別」や「生年月日」などの情報を推測されることもありません。

Q. 自分のマイナンバーが何番なのかを確認するにはどうしたらいいですか？

平成27年10月以降、マイナンバーが記載された「通知カード」が市区町村から送付され、そこでマイナンバーを確認できます。また、住民票の写しや住民票記載事項証明書を取得する際、希望すればマイナンバーが記載されたものが交付されます。

Q. マイナンバーは、希望すれば自由に変更することができますか？

A. 　原則として、マイナンバーは生涯同じ番号を使い続けることになり、自由に変更することはできません。
　ただし、マイナンバーが漏えいして不正に用いられるおそれがあると認められる場合に限り、本人の申請または市区町村長の職権により変更することができます。

 Q. 国外へ転出したあとに日本に再入国した場合は、国外転出前と同じマイナンバーを引き続き利用できるのですか？
それとも新しいマイナンバーが指定されるのですか？

A. 　国外転出前と同じ番号を利用することになります。
　なお、国外にいて日本国内に住民票のない方は、帰国して国内で住民票を作成したときに、初めてマイナンバーが指定されます。

通知カードについて

Q. 通知カードには、有効期限がありますか？

A. 　有効期限はありません。通知カードは、マイナンバーを通知するのもですので大切に保管してください。
　ただし、「個人番号カード」の交付を受けると通知カードは不要となりますので、個人番号カードの交付時に市区町村に返納することになります。

Q. 平成27年10月以降に誕生した子どもは、改めてマイナンバーの申請が必要となるのですか？

A. 　出生届を提出し、住民票登録がされた時点で、マイナンバーも作成されますので、改めて申請する必要はありません。

Q. 通知カードを身分証明書として利用することはできますか？

券面に「氏名」「住所」「生年月日」「性別」(基本4情報)、「マイナンバー」は記載されますが、「本人の顔写真」は記載されません。そのため、身分証明書としての利用はできません。役所のサービスを受ける際などの本人確認には、別途顔写真が入った運転免許証等の証明書が必要になります。

Q. 通知カードの記載内容に変更があったときは、どうすればよいのですか？

引越しなどで市区町村に転入届を出すときは、通知カードを同時に提出し、カードの記載内容を変更しなければなりません。それ以外の場合でも、通知カードの記載内容に変更があったときは、14日以内に市区町村に届け出て、カードの記載内容を変更してもらわなければなりません。

Q. 通知カードを紛失した場合などに、通知カードを再交付してもらうことは可能ですか？

通知カードの再交付は可能です。その場合、居住地の市区町村で再交付申請の手続きを行なう必要があります。

Q. 住民票を移してもマイナンバーの番号は変わらないのですか？

マイナンバーは変わりません。漏えいし不正利用されるおそれのある場合を除き、生涯同じ番号を使い続けることになります。

Q. 通知カードには、点字などの工夫はありますか？

通知カードを送付する封筒には、「まいなんばーつうち」と点字加工がなされます。また、個人番号カードは申請時に申し出ることで名前（カナ）の点字表記が可能となります。さらに通知カードを送付する封筒や個人番号カード交付申請書には音声コードも付いています。

個人番号カードについて

Q. 個人番号カードの交付申請は、どのように行なえばよいのでしょうか？

住民票の住所に通知カードと個人番号カード交付申請書が簡易書留で届きますので、「郵送による申請」または「スマートフォンやパソコンによるWEB申請」を行なってください。

Q. 子どもでも個人番号カードの申請はできますか？

15歳未満及び成年被後見人の方は法定代理人により申請する必要があります。特別な理由がある場合は、市区町村長が認める任意代理人により申請が可能です。

Q. 個人番号カードの交付申請に手数料はかかりますか？

当面は無料ですが、再発行の際は、原則として、手数料が必要となります。

Q. 個人番号カードの受け取り方法は？

申請された方に市区町村から交付通知書が送られてきますので、その交付通知書と、通知カード、運転免許証等の本人確認書類を市区町村の役場窓口に持参すれば、個人番号カードを受け取ることができます。この際、通知カードは市区町村に返納することになります。

Q. 個人番号カードの取得は、義務付けられているのですか？

個人番号カードは、個人の申請により市区町村長が交付することとされており、個人カードの取得は義務ではありません。

Q. 個人番号カードの記載内容に変更があったときは、どうすればよいのですか？

 通知カードの場合と同様の手続きが必要です。引越しなどで市区町村に転入届を出すときは、個人番号カードを同時に提出し、カードの記載内容を変更しなければなりません。それ以外の場合でも、個人番号カードの記載内容に変更があったときは、14日以内に市区町村に届け出て、カードの記載内容を変更してもらわなければなりません。

Q. 個人番号カードは、何に使えるのですか？

 個人番号カードは、ICチップの付いたカードで、表面に「氏名」「住所」「生年月日」「性別」（基本4情報）と「本人の顔写真」、裏面に「マイナンバー（個人番号）」が記載されます。本人確認のための身分証明書として利用できるほか、図書館カードや印鑑登録証などといった自治体などが条例で定めるサービスにも利用できます。また、e-Tax(国税電子申告・納税システム）などの電子申請が行なえる電子証明書も標準搭載されます。

Q. 個人番号カードのICチップから病歴や投薬などの医療情報まで筒抜けになってしまうことはないのでしょうか？

　個人番号カードのICチップには、病歴や税、年金の情報など、プライバシー性の高い情報は記録されません。ICチップに入る情報は、券面に記載されている情報や公的個人認証の電子証明書などに限られているので、それ以外の情報がカードから判明することはありません。

Q. 個人番号カードの利用に暗証番号は必要ですか？

　英数字6文字以上16文字以下と、数字4ケタの2つ以上の暗証番号を設定する必要があります。暗証番号を設定する際には、簡単な数字の並びや生年月日など、推測されやすい番号は避けてください。

Q. レンタルビデオ店やスポーツクラブに入会する場合などにも個人番号カードを身分証明書として使ってよいのでしょうか？

利用可能ですが、カードの裏面に記載されているマイナンバーを提供することはできません。また、レンタルビデオ店などがマイナンバーを書き写したり、コピーを取ったりすることは禁止されています。

Q. 個人番号カードに有効期限はありますか？

20歳以上の方は10年、20歳未満の方は容姿の変化を考慮し5年とされています。
なお、通知カードには有効期限がありません。

Q. 個人番号カードに、点字などの工夫はありますか？

個人番号カードは、申請時に申し出ることで名前（カナ）の点字表記が可能となります。

Q. 個人番号カードの交付を受ける際の本人確認はどのように行なうのですか？

　個人番号カードの交付を受ける際は、原則として、本人が市区町村の役場窓口に出向き、本人確認を行なう必要があります。病気や障害などにより本人が出向くことが困難な場合は、本人が指定する方が代理人として交付を受けることができます。

Q. 個人番号カードを紛失した場合は、どうすればよいのでしょうか？

　平成28年1月に24時間対応のコールセンターが開設される予定です。個人番号カードを紛失した場合は、コールセンターに電話をして、クレジットカードと同じように「利用停止」の手続きをし、ICチップの機能を停止してもらう必要があります。カードが見つかって利用を再開したいときは、市区町村の役場窓口で手続きをしなくてはなりません。また、カードの再発行の手続きをする場合は手数料がかかります。

 **事業者のマイナンバー導入について**

Q. 個人事業者や会社など民間の事業者もマイナンバーを取り扱うのですか？

A. 民間の事業者でも、従業員やその扶養家族のマイナンバーを取得し、給与所得の源泉徴収票や社会保険の被保険者資格取得届などに記載して、行政機関などに提出する必要があります。

Q. 事業者がマイナンバーを取り扱うにあたり、注意すべきことはありますか？

A. 法律に定められた利用範囲を超えてマイナンバーを利用することはできませんし、むやみに提供することもできません。また、マイナンバーの漏えいや紛失を防止するなど、安全管理のために必要な措置を講じなければなりません。

Q. マイナンバーを使って、従業員や顧客の情報を管理することはできますか？

マイナンバーは、法律や条例で定められた社会保障、税、災害対策の手続き以外で利用することはできません。

Q. 従業員などのマイナンバーは、いつまでに取得する必要がありますか？

マイナンバーを記載した書類を行政機関などに提出するときまでに取得すればよく、必ずしも平成28年1月のマイナンバーの利用開始に合わせて取得する必要はありません。

Q. マイナンバーを取り扱う業務の委託や再委託はできますか？

マイナンバーを取り扱う業務の全部または一部を委託することは可能です。また、委託を受けた者は、委託を行なった者の許諾を受けた場合に限り、その業務の全部または一部を再委託できます。

マイナンバーの取得について

Q. 従業員などからマイナンバーを取得する際は、どのような手続きが必要ですか？

A. 〝他人のなりすまし〟による被害を防ぐために、必ず本人確認を行なう必要があります。本人確認の方法としては、①「番号確認（正しいマイナンバーであることの確認）」と、②「身元確認（提供を行なう者が番号の正しい持ち主であることの確認）」を行ないます。

Q. 従業員などのマイナンバーを取得する際は、利用目的を明示しなければならないのですか？

A. マイナンバーを含む特定個人情報にも個人情報保護法が適用されるので、マイナンバーを取得するときは、利用目的を本人に通知または公表しなければなりません。

　なお、複数の利用目的をまとめて明示することは可能ですが、利用目的をあとから追加することはできません。

Q. 退職した年金受給者についても、本人確認を行なわなければなりませんか？

A.
退職した年金受給者であっても、本人またはその代理人からマイナンバーの提供を受ける場合には、本人確認を行なわなければなりません。

Q. 従業員の扶養家族のマイナンバーを取得するときは、事業者が扶養家族の本人確認も行なわなければならないのでしょうか？

A.
例えば、税の年末調整（給与所得者の扶養控除等申告書）では、従業員が扶養家族の本人確認を行なうため、事業者が扶養家族の本人確認を行なう必要はありません。

一方、国民年金の第3号被保険者の届出では、従業員の配偶者（第3号被保険者）本人が事業者に対して届出を行なう必要があるため、事業者が当該配偶者の本人確認を行なわなくてはなりません。通常は、従業員が配偶者に代わって事業者に届出をすることが想定されます。

Q. マイナンバーの本人確認を実施する際に提示を受けた本人確認書類(「個人番号カード」「通知カード」「身元確認書類」など)をコピーして、それを事業所内に保管することはできますか?

法令上の義務はありませんが、本人確認の記録を残すためにコピーを保管することはできます。

Q. 講師へ講演料の支払いが発生し、翌年以降も継続して支払調書作成の事務のために利用する場合、本人確認を行なう必要はありますか?

前年の講演料の支払いに伴う支払調書作成の事務のために提供を受けたマイナンバーは、翌年以降も継続的に支払調書の作成事務のために利用することができます。改めて本人確認を行なう必要はありません。

Q. 事業者は採用内定者に
マイナンバーの提供を求めてもよいですか？

採用内定者が入社に関する誓約書を提出するなどし、雇用されることが確実な場合はマイナンバーの提供を求めることができます。

Q. 契約の締結時点で支払金額が定まっておらず、支払調書の提出が必要なのかが明らかでない場合、その契約の締結時点でマイナンバーの提供を求めることができますか？

顧客との法律関係などに基づいて、個人番号関係事務の発生が予想される場合として、契約の締結時点でマイナンバーの提供を求めることはできます。その後、支払調書の提出が不要になった場合には、できるだけ速やかにマイナンバーを廃棄または削除する必要があります。

Q. マイナンバーを取得し、本人確認を行なう事務を委託することはできますか？

委託は可能ですが、番号法に基づき、委託先に対して必要、且つ適切な監督を行なう必要があります。委託先は、マイナンバーの取得にあたり、委託者のどのような事務で利用されるのか、その利用目的を明示することが必要です。

Q. もしも、従業員などからマイナンバーの提供を拒まれた場合、どのように対応すればよいのでしょうか？

社会保障や税の決められた書類にマイナンバーを記載することは、法令で定められた義務であることを周知し、提供を求めてください。それでも提供を拒まれた場合には、書類提出先の行政機関の指示に従うことになります。

マイナンバーの利用制限について

Q. 従業員などへマイナンバーの利用目的を提示する際に、マイナンバーの提出先も提示しなければならないのですか？

A. 通常、利用目的を提示すれば、おのずと提出先も明らかになりますので、提出先を示す必要はありません。

Q. 源泉徴収のために取得した従業員のマイナンバーを社会保険の手続きで利用することはできますか？

本人の同意の有無にかかわらず、利用目的の範囲を超えて利用することはできません。

Q. 扶養控除等申告書に記載されている
マイナンバーを源泉徴収票の作成時に
利用することはできますか？

A. 利用できます。扶養控除等申告書に記載されたマイナンバーを取得する際に、源泉徴収票を作成することがその利用目的に含まれているため、マイナンバーを源泉徴収票の作成時に利用することは、利用目的の範囲内として認められています。

Q. 従業員などへマイナンバーの利用目的を提示する際、マイナンバーを取り扱う複数の事務を行なうことが見込まれる場合には、マイナンバーの利用が予想されるすべての目的を、あらかじめ特定して、提示してもよいですか？

従業員からマイナンバーを取得する際に、源泉徴収や社会保険の手続きなど、マイナンバーを取り扱う事務の発生が予想されるものは、あらかじめ複数の事務を利用目的として特定して、本人へ提示することができます。

マイナンバーの提供について

Q. 支払調書などの写しを本人へ送付することはできますか？

A. 本人のマイナンバーを含めて、すべてのマイナンバーを記載しない措置や復元できない程度にマスキングをすれば、支払調書などの写しを本人に送付することができます。

Q. 事業者が取得した従業員やその扶養家族のマイナンバーを、その従業員が加入している健康保険組合に提供することはできますか？

事業者から健康保険組合にマイナンバーを提供することは可能です。このような場合、事業者はマイナンバーを取得する際に、健康保険に関する事務におけるマイナンバーの利用を明示しておく必要があります。

 マイナンバーの記載が不要な書類について

Q. 源泉徴収票を本人に交付する場合、本人や扶養家族のマイナンバーを記載し、表示した状態で交付してもよいですか？

 マイナンバーの記載は必要ありません。平成27年10月2日に所得税法施行規則などの改正が行なわれ、番号法施行後の平成28年1月以降も、給与などの支払いを受ける方に交付する源泉徴収票などへのマイナンバーの記載は行なわないこととされました。

Q. 税務署提出用の源泉徴収票や支払調書などにも、マイナンバーを記載しないこととなるのですか？

 税務署提出用には、支払いを受ける方のマイナンバーを記載したうえで、税務署に提出する必要があります。

Q. なぜ、従業員に交付する源泉徴収票にマイナンバーを記載しないことになったのですか？

　本人交付が義務付けられている源泉徴収票などにマイナンバーを記載することにより、その交付の際に個人情報の漏えいや紛失などの防止のための措置を講ずる必要が生じ、従来よりもコストを要することになることや、郵便事故などによる情報流出のリスクが高まるといった声に配慮したためです。

  Q. 改正によって、従業員に周知すべき事項はありますか？

　従業員に交付する源泉徴収票にマイナンバーが記載されないため、番号法施行後においても、従来と取り扱いは変わらないことを説明してください。

 # マイナンバーの廃棄・削除について

Q. 従業員のマイナンバーを廃棄するタイミングは、いつですか？

A. 個人番号関係事務を処理する必要がなくなった場合で、所管法令において定められている保存期間を経過した場合には、マイナンバーをできるだけ速やかに廃棄または削除しなければなりません。

Q. マイナンバーの廃棄が必要となってから、廃棄作業を行なうまでの期間は、どの程度まで許容されますか？

 毎年度末に廃棄を行なうなど、安全性や事務の効率性などを考慮したうえで、事業者が判断することになります。

11 マイナンバーの罰則について

Q. 収集・提供したマイナンバーに誤りがあった場合、事業者に責任は及びますか？

現時点では、マイナンバーに誤りがあった場合の罰則規定はありません。

Q. 従業員のマイナンバーが記載された給与所得の扶養控除等申告書などの漏えいがあった場合、担当者や事業者は罰せられるのですか？

マイナンバーが漏えいした場合の罰則の適用は故意犯を想定したものとなっており、事業者が従業員の指導などの一定の安全管理措置を講じていれば、意図せずにマイナンバーが漏えいしたとしても、直ちに罰則の適用となることはないとされています。

Q. 番号法にはどのような罰則がありますか？

番号法は、個人情報保護法の特別法としての位置付けとなり、個人情報保護法よりも罰則の種類が多く、下記のような重い罰則が設けられています。

・個人番号利用事務などに従事する者が、正当な理由なく、特定個人情報ファイルを提供した場合
　→ 4年以下の懲役または200万円以下の罰金または併科

・個人番号利用事務などに従事する者が、不正な利益を図る目的で、マイナンバーを提供または盗用した場合
　→ 3年以下の懲役または150万円以下の罰金または併科

・情報提供ネットワークシステムの事務に従事する者が、情報提供ネットワークシステムに関する秘密の漏えいまたは盗用した場合
　→ 3年以下の懲役または150万円以下の罰金または併科

・人を欺き、人に暴行を加え、人を脅迫し、または、財物の窃取、施設への侵入などによりマイナンバーを取得した場合
　→ 3年以下の懲役または150万円以下の罰金

・国の機関の職員などが、職権を濫用して特定個人情報が記録された文書などを収集した場合
　→ 2年以下の懲役または100万円以下の罰金

など

12 委託の取り扱いについて

Q. 委託先・再委託先との業務委託契約を締結する場合、業務委託契約書などに特定個人情報の取り扱いを委託する旨の記載が必要となりますか？

A. 番号法においては、マイナンバーの利用範囲が限定されていますので、委託先・再委託先との業務委託契約においても番号法で認められる事務の範囲内で委託する業務の範囲を特定する必要があります。

Q. 特定個人情報を配送業者、通信業者を通じて配送・通信する場合、委託に該当しますか？

配送業者や通信業者は、特定個人情報の詳細について関知しないため、委託に該当しません（※事業者と配送業者または通信業者との間で特定個人情報の取り扱いについての合意がある場合を除く）。

Q. 委託契約に定めれば、委託先が委託者の従業員などの特定個人情報を直接収集することはできますか？

A. マイナンバーの収集を委託すれば、委託先がマイナンバーを収集することができます。

Q. 特定個人情報を取り扱う情報システムにクラウドサービス契約のような外部の事業者を活用している場合、番号法上の委託にあたりますか？

A. 外部の事業者が契約内容を履行するにあたってマイナンバーをその内容に含む電子データを取り扱うのかどうかが基準となります。外部の事業者がマイナンバーをその内容に含む電子データを取り扱わない場合には、個人番号関係事務または個人番号利用事務の全部または一部の委託を受けたとみることはできませんので、番号法上の委託には該当しません。

巻末資料

特定個人情報に関する安全管理措置
（事業者編）

【目次】

要点

① **安全管理措置の検討手順**
 A … 個人番号を取り扱う事務の範囲の明確化
 B … 特定個人情報等の範囲の明確化
 C … 事務取扱担当者の明確化
 D … 基本方針の策定
 E … 取扱規程等の策定

② **講ずべき安全管理措置の内容**
 A … 基本方針の策定
 B … 取扱規程等の策定
 C … 組織的安全管理措置
  a 組織体制の整備
  b 取扱規程等に基づく運用
  c 取扱状況を確認する手段の整備
  d 情報漏えい等事案に対応する体制の整備
  e 取扱状況の把握及び安全管理措置の見直し
 D … 人的安全管理措置
  a 事務取扱担当者の監督
  b 事務取扱担当者の教育
 E …物理的安全管理措置
  a 特定個人情報等を取り扱う区域の管理
  b 機器及び電子媒体等の盗難等の防止
  c 電子媒体等を持ち出す場合の漏えい等の防止
  d 個人番号の削除、機器及び電子媒体等の廃棄
 F … 技術的安全管理措置
  a アクセス制御
  b アクセス者の識別と認証
  c 外部からの不正アクセス等の防止
  d 情報漏えい等の防止

要点

● 番号法における安全管理措置の考え方

　番号法は、マイナンバーを利用できる事務の範囲、特定個人情報ファイルを作成できる範囲、特定個人情報を収集・保管・提供できる範囲等を制限している。したがって、事業者は、マイナンバーや特定個人情報（以下「特定個人情報等」という。）の漏えい、滅失または毀損（以下「情報漏えい等」という。）の防止等のための安全管理措置の検討にあたり、次に掲げる事項を明確にすることが重要である。

A　個人番号を取り扱う事務の範囲
B　特定個人情報等の範囲
C　特定個人情報等を取り扱う事務に従事する従業者 (※)
　　　(以下「事務取扱担当者」という)
　　　(※)「従業者」とは、事業者の組織内にあって直接間接に事業者の指揮監督を受けて事業者の業務に従事している者をいう。具体的には、従業員のほか、取締役、監査役、理事、監事、派遣社員等を含む。

● 安全管理措置の検討手順

　事業者は、特定個人情報等の適正な取扱いに関する安全管理措置について、次のような手順で検討を行なう必要がある。→ ①

A　個人番号を取り扱う事務の範囲の明確化
B　特定個人情報等の範囲の明確化
C　事務取扱担当者の明確化
D　特定個人情報等の安全管理措置に関する基本方針の策定
　　(以下「基本方針」という)
E　取扱規程等の策定

● 講ずべき安全管理措置の内容

　事業者は、安全管理措置の検討にあたり、番号法及び個人情報保護法等関係法令並びに本ガイドライン及び主務大臣のガイドライン等を遵守しなければならない。本ガイドラインは、次に掲げる項目に沿って記述している。→ ②

A　基本方針の策定
B　取扱規程等の策定
C　組織的安全管理措置
D　人的安全管理措置
E　物理的安全管理措置
F　技術的安全管理措置

① 安全管理措置の検討手順

　事業者は、特定個人情報等の取扱いを検討するにあたって、マイナンバーを取り扱う事務の範囲及び特定個人情報等の範囲を明確にしたうえで、事務取扱担当者を明確にしておく必要がある。
　これらを踏まえ、特定個人情報等の適正な取扱いの確保について組織として取り組むために、基本方針を策定することが重要である。
　また、取扱規程等を策定し、特定個人情報等を取り扱う体制の整備及び情報システムの改修等を行なう必要がある。
　事業者は、特定個人情報等の取扱いに関する安全管理措置について、次のような手順で検討を行なう必要がある。

A　個人番号を取り扱う事務の範囲の明確化

　事業者は、個人番号関係事務または個人番号利用事務の範囲を明確にしておかなければならない。

B　特定個人情報等の範囲の明確化

　事業者は、Aで明確化した事務において取り扱う特定個人情報等の範囲を明確にしておかなければならない。(※)

　(※) 特定個人情報等の範囲を明確にするとは、事務において使用されるマイナンバー及びマイナンバーと関連付けて管理される個人情報（氏名、生年月日等）の範囲を明確にすることをいう。

C　事務取扱担当者の明確化

　事業者は、Aで明確化した事務に従事する事務取扱担当者を明確にしておかなければならない。

D　基本方針の策定

　特定個人情報等の適正な取扱いの確保について組織として取り組むために、基本方針を策定することが重要である。
→ ②A参照

E　取扱規程等の策定

　事業者は、A～Cで明確化した事務における特定個人情報等の適正な取扱いを確保するために、取扱規程等を策定しなければならない。
→ ②B参照

② 講ずべき安全管理措置の内容

本セクション②においては、特定個人情報等の保護のために必要な安全管理措置について本文で示し、その具体的な手法の例示及び中小規模事業者における対応方法を記述している。

それぞれの項目の位置付けを次に掲げる。安全管理措置の検討にあたっては、番号法及び個人情報保護法等関係法令並びに本ガイドライン及び主務大臣のガイドライン等を遵守しなければならない。

【手法の例示】

具体的な手法を例示したものである。本例示は、これに限定する趣旨で記載したものではなく、事業者の規模及び特定個人情報等を取り扱う事務の特性等により、適切な手法を採用することが重要である。

【中小規模事業者（※）における対応方法】

中小規模事業者については、事務で取り扱うマイナンバーの数量が少なく、また、特定個人情報等を取り扱う従業者が限定的であること等から、特例的な対応方法を示すものである。

なお、中小規模事業者が、手法の例示に記載した手法を採用することは、より望ましい対応である。

(※)「中小規模事業者」とは、事業者のうち従業員の数が 100 人以下の事業者であって、次に掲げる事業者を除く事業者をいう。
- 個人番号利用事務実施者
- 委託に基づいて個人番号関係事務または個人番号利用事務を業務として行なう事業者
- 金融分野（金融庁作成の「金融分野における個人情報保護に関するガイドライン」第 1 条第 1 項に定義される金融分野）の事業者
- 個人情報取扱事業者

A 基本方針の策定

特定個人情報等の適正な取扱いの確保について組織として取り組むために、基本方針を策定することが重要である。

≪手法の例示≫

＊基本方針に定める項目としては、次に掲げるものが挙げられる。
- 事業者の名称
- 関係法令・ガイドライン等の遵守
- 安全管理措置に関する事項
- 質問及び苦情処理の窓口　　　　等

② 講ずべき安全管理措置の内容　B

B 取扱規程等の策定

①A～Cで明確化した事務において事務の流れを整理し、特定個人情報等の具体的な取扱いを定める取扱規程等を策定しなければならない。

≪手法の例示≫

＊取扱規程等は、次に掲げる管理段階ごとに、取扱方法、責任者・事務取扱担当者及びその任務等について定めることが考えられる。具体的に定める事項については、C～Fに記述する安全管理措置を織り込むことが重要である。

1. 取得する段階
2. 利用を行なう段階
3. 保存する段階
4. 提供を行なう段階
5. 削除・廃棄を行なう段階

＊源泉徴収票等を作成する事務の場合、例えば、次のような事務フローに即して、手続きを明確にしておくことが重要である。

1. 従業員等から提出された書類等を取りまとめる方法
2. 取りまとめた書類等の源泉徴収票等の作成部署への移動方法
3. 情報システムへのマイナンバーを含むデータ入力方法
4. 源泉徴収票等の作成方法
5. 源泉徴収票等の行政機関等への提出方法
6. 源泉徴収票等の本人への交付方法
7. 源泉徴収票等の控え、従業員等から提出された書類及び情報システムで取り扱うファイル等の保存方法
8. 法定保存期間を経過した源泉徴収票等の控え等の廃棄・削除方法

等

【中小規模事業者における対応方法】
○特定個人情報等の取扱い等を明確化する。
○事務取扱担当者が変更となった場合、確実な引継ぎを行ない、責任ある立場の者が確認する。

C 組織的安全管理措置

　事業者は、特定個人情報等の適正な取扱いのために、次に掲げる<u>組織的安全管理措置</u>を講じなければならない。

a 組織体制の整備
　安全管理措置を講ずるための組織体制を整備する。

≪手法の例示≫
＊組織体制として整備する項目は、次に掲げるものが挙げられる。

- 事務における責任者の設置及び責任の明確化
- 事務取扱担当者の明確化及びその役割の明確化
- 事務取扱担当者が取り扱う特定個人情報等の範囲の明確化
- 事務取扱担当者が取扱規程等に違反している事実または兆候を把握した場合の責任者への報告連絡体制
- 情報漏えい等事案の発生または兆候を把握した場合の従業者から責任者等への報告連絡体制
- 特定個人情報等を複数の部署で取り扱う場合の各部署の任務分担及び責任の明確化

【中小規模事業者における対応方法】
　○事務取扱担当者が複数いる場合、責任者と事務取扱担当者を区分することが望ましい。

② 講ずべき安全管理措置の内容　C-b, c

b 取扱規程等に基づく運用
　取扱規程等に基づく運用状況を確認するため、システムログまたは利用実績を記録する。

≪手法の例示≫
＊記録する項目としては、次に掲げるものが挙げられる。

・特定個人情報ファイルの利用・出力状況の記録
・書類・媒体等の持出しの記録
・特定個人情報ファイルの削除・廃棄記録
・削除・廃棄を委託した場合、これを証明する記録等
・特定個人情報ファイルを情報システムで取り扱う場合、事務取扱担当者の情報システムの利用状況（ログイン実績、アクセスログ等）の記録

【中小規模事業者における対応方法】
　○特定個人情報等の取扱状況のわかる記録を保存する。

c 取扱状況を確認する手段の整備
　特定個人情報ファイルの取扱状況を確認するための手段を整備する。なお、取扱状況を確認するための記録等には、特定個人情報等は記載しない。

≪手法の例示≫
＊取扱状況を確認するための記録等としては、次に掲げるものが挙げられる。

・特定個人情報ファイルの種類、名称
・責任者、取扱部署
・利用目的
・削除・廃棄状況
・アクセス権を有する者

【中小規模事業者における対応方法】
　○特定個人情報等の取扱状況のわかる記録を保存する。

② 講ずべき安全管理措置の内容　C-d, e

d　情報漏えい等事案に対応する体制の整備

情報漏えい等の事案の発生または兆候を把握した場合に、適切かつ迅速に対応するための体制を整備する。

情報漏えい等の事案が発生した場合、二次被害の防止、類似事案の発生防止等の観点から、事案に応じて、事実関係及び再発防止策等を早急に公表することが重要である。

≪手法の例示≫

＊情報漏えい等の事案の発生時に、次のような対応を行なうことを念頭に、体制を整備することが考えられる。

・事実関係の調査及び原因の究明
・影響を受ける可能性のある本人への連絡
・委員会及び主務大臣等への報告
・再発防止策の検討及び決定
・事実関係及び再発防止策等の公表

【中小規模事業者における対応方法】
　○情報漏えい等の事案の発生等に備え、従業者から責任ある立場の者に対する報告連絡体制等をあらかじめ確認しておく。

e　取扱状況の把握及び安全管理措置の見直し

特定個人情報等の取扱状況を把握し、安全管理措置の評価、見直し及び改善に取り組む。

≪手法の例示≫

＊特定個人情報等の取扱状況について、定期的に自ら行なう点検または他部署等による監査を実施する。
＊外部の主体による他の監査活動と合わせて、監査を実施することも考えられる。

【中小規模事業者における対応方法】
　○責任ある立場の者が、特定個人情報等の取扱状況について、定期的に点検を行なう。

② 講ずべき安全管理措置の内容　D-a,b／E-a

D　人的安全管理措置

　事業者は、特定個人情報等の適正な取扱いのために、次に掲げる<u>人的安全管理措置を講じなければならない。</u>

a　事務取扱担当者の監督

　事業者は、特定個人情報等が取扱規程等に基づき適正に取り扱われるよう、事務取扱担当者に対して必要かつ適切な監督を行なう。

b　事務取扱担当者の教育

　事業者は、事務取扱担当者に、特定個人情報等の適正な取扱いを周知徹底するとともに適切な教育を行なう。

≪手法の例示≫

* 特定個人情報等の取扱いに関する留意事項等について、従業者に定期的な研修等を行なう。
* 特定個人情報等についての秘密保持に関する事項を就業規則等に盛り込むことが考えられる。

E　物理的安全管理措置

　事業者は、特定個人情報等の適正な取扱いのために、次に掲げる<u>物理的安全管理措置を講じなければならない。</u>

a　特定個人情報等を取り扱う区域の管理

　特定個人情報等の情報漏えい等を防止するために、特定個人情報ファイルを取り扱う情報システムを管理する区域（以下「管理区域」という。）及び特定個人情報等を取り扱う事務を実施する区域（以下「取扱区域」という。）を明確にし、物理的な安全管理措置を講ずる。

≪手法の例示≫

* 管理区域に関する物理的安全管理措置としては、入退室管理及び管理区域へ持ち込む機器等の制限等が考えられる。
* 入退室管理方法としては、ＩＣカード、ナンバーキー等による入退室管理システムの設置等が考えられる。
* 取扱区域に関する物理的安全管理措置としては、壁または間仕切り等の設置及び座席配置の工夫等が考えられる。

b 機器及び電子媒体等の盗難等の防止

管理区域及び取扱区域における特定個人情報等を取り扱う機器、電子媒体及び書類等の盗難または紛失等を防止するために、物理的な安全管理措置を講ずる。

≪手法の例示≫

＊特定個人情報等を取り扱う機器、電子媒体または書類等を、施錠できるキャビネット・書庫等に保管する。

＊特定個人情報ファイルを取り扱う情報システムが機器のみで運用されている場合は、セキュリティワイヤー等により固定すること等が考えられる。

c 電子媒体等を持ち出す場合の漏えい等の防止

特定個人情報等が記録された電子媒体または書類等を持ち出す場合、容易にマイナンバーが判明しない措置の実施、追跡可能な移送手段の利用等、安全な方策を講ずる。

「持出し」とは、特定個人情報等を、管理区域または取扱区域の外へ移動させることをいい、事業所内での移動等であっても、紛失・盗難等に留意する必要がある。

≪手法の例示≫

＊特定個人情報等が記録された電子媒体を安全に持ち出す方法としては、持出しデータの暗号化、パスワードによる保護、施錠できる搬送容器の使用等が考えられる。ただし、行政機関に法定調書等をデータで提出するにあたっては、行政機関等が指定する提出方法に従う。

＊特定個人情報等が記載された書類等を安全に持ち出す方法としては封緘、目隠しシールの貼付を行なうこと等が考えられる。

【中小規模事業者における対応方法】
○特定個人情報等が記録された電子媒体または書類等を持ち出す場合、パスワードの設定、封筒に封入し鞄に入れて搬送する等、紛失・盗難等を防ぐための安全な方策を講ずる。

② 講ずべき安全管理措置の内容　E - d

d 個人番号の削除、機器及び電子媒体等の廃棄

　個人番号関係事務または個人番号利用事務を行なう必要がなくなった場合で、所管法令等において定められている保存期間等を経過した場合には、マイナンバーをできるだけ速やかに復元できない手段で削除または廃棄する。
　マイナンバーもしくは特定個人情報ファイルを削除した場合、または電子媒体等を廃棄した場合には、削除または廃棄した記録を保存する。また、これらの作業を委託する場合には、委託先が確実に削除または廃棄したことについて、証明書等により確認する。

≪手法の例示≫

＊特定個人情報等が記載された書類等を廃棄する場合、焼却または溶解等の復元不可能な手段を採用する。
＊特定個人情報等が記録された機器及び電子媒体等を廃棄する場合、専用のデータ削除ソフトウェアの利用または物理的な破壊等により、復元不可能な手段を採用する。
＊特定個人情報ファイル中のマイナンバーまたは一部の特定個人情報等を削除する場合、容易に復元できない手段を採用する。
＊特定個人情報等を取り扱う情報システムにおいては、保存期間経過後におけるマイナンバーの削除を前提とした情報システムを構築する。
＊マイナンバーが記載された書類等については、保存期間経過後における廃棄を前提とした手続きを定める。

【中小規模事業者における対応方法】
　〇特定個人情報等を削除・廃棄したことを、責任ある立場の者が確認する。

F 技術的安全管理措置

　事業者は、特定個人情報等の適正な取扱いのために、次に掲げる技術的安全管理措置を講じなければならない。

a アクセス制御

　情報システムを使用して個人番号関係事務または個人番号利用事務を行なう場合、事務取扱担当者及び当該事務で取り扱う特定個人情報ファイルの範囲を限定するために、適切なアクセス制御を行なう。

≪手法の例示≫

＊アクセス制御を行なう方法としては、次に掲げるものが挙げられる。

- マイナンバーと紐付けてアクセスできる情報の範囲をアクセス制御により限定する。
- 特定個人情報ファイルを取り扱う情報システムを、アクセス制御により限定する。
- ユーザーＩＤに付与するアクセス権により、特定個人情報ファイルを取り扱う情報システムを使用できる者を事務取扱担当者に限定する。

【中小規模事業者における対応方法】
○特定個人情報等を取り扱う機器を特定し、その機器を取り扱う事務取扱担当者を限定することが望ましい。
○機器に標準装備されているユーザー制御機能（ユーザーアカウント制御）により、情報システムを取り扱う事務取扱担当者を限定することが望ましい。

② 講ずべき安全管理措置の内容　F-b,c

b アクセス者の識別と認証
　特定個人情報等を取り扱う情報システムは、事務取扱担当者が正当なアクセス権を有する者であることを、識別した結果に基づき認証する。

≪手法の例示≫
＊事務取扱担当者の識別方法としては、ユーザーＩＤ、パスワード、磁気・ICカード等が考えられる。

【中小規模事業者における対応方法】
○特定個人情報等を取り扱う機器を特定し、その機器を取り扱う事務取扱担当者を限定することが望ましい。
○機器に標準装備されているユーザー制御機能（ユーザーアカウント制御）により、情報システムを取り扱う事務取扱担当者を限定することが望ましい。

c 外部からの不正アクセス等の防止
　情報システムを外部からの不正アクセスまたは不正ソフトウェアから保護する仕組みを導入し、適切に運用する。

≪手法の例示≫
＊情報システムと外部ネットワークとの接続箇所に、ファイアウォール等を設置し、不正アクセスを遮断する。
＊情報システム及び機器にセキュリティ対策ソフトウェア等（ウイルス対策ソフトウェア等）を導入する。
＊導入したセキュリティ対策ソフトウェア等により、入出力データにおける不正ソフトウェアの有無を確認する。
＊機器やソフトウェア等に標準装備されている自動更新機能等の活用により、ソフトウェア等を最新状態とする。
＊ログ等の分析を定期的に行ない、不正アクセス等を検知する。

② 講ずべき安全管理措置の内容　F - d

d 情報漏えい等の防止
　特定個人情報等をインターネット等により外部に送信する場合、通信経路における情報漏えい等を防止するための措置を講ずる。

≪手法の例示≫
＊通信経路における情報漏えい等の防止策としては、通信経路の暗号化等が考えられる。
＊情報システム内に保存されている特定個人情報等の情報漏えい等の防止策としては、データの暗号化またはパスワードによる保護等が考えられる。

※この巻末資料は、『特定個人情報の適正な取扱いに関するガイドライン（事業者編）』（平成26年12月11日　特定個人情報保護委員会）のうち、『（別添）特定個人情報に関する安全管理措置（事業者編）』の部分のみを抜粋して掲載しております。なお、「個人番号」を「マイナンバー」に読み替えるなど、内容が理解しやすいように一部改変してあります。

『特定個人情報の適正な取扱いに関するガイドライン（事業者編）』の全文（PDF）は、下記で閲覧することができます。

【http://www.ppc.go.jp/files/pdf/261211guideline2.pdf】

【著者紹介】

アトラス総合事務所（あとらすそうごうじむしょ）

◎平成3年開設。公認会計士・税理士・社会保険労務士・司法書士・行政書士が在籍し、中小企業や個人事業の運営をサポートしている。税務会計、労務管理、登記、法律問題、各種許認可代行、事業計画立案などのサービスを提供する。

【アトラス総合事務所】
住所：東京都渋谷区南平台町2-17 日交渋谷南平台ビル6階
TEL：03-3464-9333
E-Mail：info@cpainoue.com
URL ：http://www.cpainoue.com/

【執筆者紹介】

井上 修（いのうえ おさむ）

◎昭和32年東京都生まれ。昭和55年中央大学商学部卒業。昭和59年公認会計士登録。平成3年税理士登録。
◎外資系会計事務所、監査法人、税務会計士事務所を経て平成3年に独立。現在、東京都渋谷区でアトラス総合事務所を開業。アトラス総合事務所代表。
◎主な著書に『個人事業・自由業者のための会社をつくるメリット・デメリット 本当のところズバリ！』『会社の節税100のルール』『新版 小さな会社と個人事業 はじめての消費税 経理処理と申告がわかる本』（いずれも小社刊）、『実務家・専門家のための総務・税務手続マニュアル』（共著、TAC出版）など、著書・監修書多数。

吉田 斉（よしだ ひとし）

◎税務会計部門リーダー、税理士

山田 智絵（やまだ ともえ）

◎労務部門リーダー、社会保険労務士

森 祐介（もり ゆうすけ）

◎マイナンバー対策チームリーダー

小さな会社・個人事業のための
マイナンバー制度の実務がわかる本

2015年11月19日　第1刷発行

著　者――― アトラス総合事務所
発行者――― 徳留　慶太郎
発行所――― 株式会社すばる舎

〒170-0013 東京都豊島区東池袋3-9-7 東池袋織本ビル
TEL　　03-3981-8651（代表）
　　　　03-3981-0767（営業部直通）
FAX　　03-3981-8638
URL　　http://www.subarusya.jp/
振替　　00140-7-116563

印　刷―――シナノ印刷株式会社

落丁・乱丁本はお取り替えいたします
©ATLAS 2015 Printed in Japan
ISBN978-4-7991-0466-8

すばる舎の好評既刊

【改訂版】
個人事業・自由業者のための
会社をつくるメリット・デメリット
本当のところズバリ!

公認会計士・税理士 井上 修 ▶著

定価:本体1,400円+(税)
ISBN:978-4-7991-0254-1

会社が得か? 個人が得か?

給与所得控除、家族に給料、消費税の免税、事業資産の保護、法人へ事業の引き継ぎなどなど……。
やさしい解説で、会社をつくる分岐点がわかる。
個人事業・自由業者の疑問にズバリ答えるハンドブック